www.tredition.de

AF217277

www.tredition.de

© 2016 Th. Fountains
Lektorat, Korrektorat: M.Schmitt

Verlag: tredition GmbH, Hamburg

ISBN
Paperback   ISBN 978-3-7345-4266-4
Hardcover   ISBN 978-3-7345-4267-1
e-Book   ISBN 978-3-7345-4268-8

Printed in Germany

Th. Fountains

Dunkle Wolken über mir

Die Wandlungen des Lebens

Es war wieder ein schöner Tag an der Schule vergangen. Johanna war im siebten Monat Schwanger und so fiel ihr jede Bewegung schwerer als sonst, so dass sie sich hingesetzt hatte. Sie erwischte sich dabei in Erinnerungen zu schwelgen. Sie dachte daran, wie sie die Liebe ihres Lebens kennenlernte, an den Umzug ihrer Freundin in ein anderes Land und wie sie zur glücklichste Frau der Welt wurde.

Johanna, wie soll man sie beschreiben? 1,60 cm, schwarze lange Haare, glänzenden braune Augen in denen man versinken kann, ein voller Mund, der zum Küssen einlädt und eine kleine spitze Nase. Eine tolle weibliche Figur, an der sich jeder Mann und so manche Frau verlieren würde. Ihre wohl geformten Brüste haben genau die richtige Größe. Im Großen und Ganzen eine von Gott gesegnete junge Frau, die sich mit ihren 23 Jahren in der Blüte ihres Lebens befand. Sie lacht gerne und steckt damit grundsätzlich die Personen in ihre Umgebung an. Keiner kann wirklich lange ernst sein in Ihre Nähe. Dafür wurde sie schon seit der Kindheit geschätzt. Sie ist für jeden Spaß zu haben, immer spontan und trotzdem sehr verantwortungsbewusst und hilfsbereit.
Gerade diese Vorzüge haben auch Neider hervor-

gebracht. Ein Stück Weit kann man diese sogar verstehen. Johanna musste sich augenscheinlich nie wirklich anstrengen um irgendetwas zu schaffen. Sie schien ohne jeglichen Probleme glücklich aufzuwachsen.

Die Realität war aber doch ein wenig anders.

Ihre Mutter war berufsbedingt sehr viel unterwegs und nahm regelmäßig Johanna mit. Sie lernte dadurch auch sehr früh Englisch zu sprechen, was ihr wiederum gute Noten in der Schule brachte. Anderseits war sie, immer wenn es Schulzeit war, alleine bzw. mit der Aufsichtsperson zuhause. Eine nette ältere Dame die sich sehr rührend um sie gekümmert hat. Ihr Vater, war ein sehr gefragter Architekt. Er hatte es geschafft eine mittel große Firma mit einigen Mitarbeiter aufzubauen. Im Laufe der Jahre hatte er einen internationalen Kundenstamm aufgebaut, was zu Folge hatte, dass auch er viel um die Welt Reisen müsste. Er gab sich immer sehr viel Mühe, seiner Tochter, so viel Zeit und Liebe wie Möglich zu geben, was sie ihm auch sehr hoch anrechnete, am Ende war sie jedoch oft allein. Somit verbrachte sie die Schulzeit, meist alleine, zuhause. In den Ferien reiste sie, häufig mit der Mutter, um die Welt. Natürlich war es immer spannend und aufregend. Dadurch konnte sie aber nie eine richtige Freundschaft aufbauen.

Johanna saß sehr häufig in ihrem Zimmer auf der Fensterbank und weinte. Sie weinte weil sie ihre Eltern vermisste, sie weinte, weil sie wieder mal alleine war, sie weinte und weinte.

Sie wurde älter und lernte, dass der jeweilige Beruf für ihre Eltern sehr wichtig war. Wenn es ihnen gut ging, so brauchte sie sich um nichts zu sorgen. Sie hat sich damit abgefunden und hat sich auf sich selber konzentriert. Sie fing an zum Spielen rauszugehen und sprach auch mal andere Kinder an. So lernte sie Theresa kennen, die mit der Zeit ihre beste Freundin wurde.

Die beiden verbrachten viele Stunden zusammen, spielten, lernten und unterhielten sich über alles. Johanna war mittlerweile tatsächlich Glücklich. Ihr Vater starb als sie 20 Jahre alt war. Ein betrunkener Autofahrer hatte ihn übersehen und somit trat er viel zu früh aus Johannas Leben aus.

Johanna hatte dem Fahrer schon verziehen, aber sie war noch traurig darüber, dass sie ihren Vater nicht mehr sagen konnte wie sehr sie ihn liebte.

Seitdem war die Beziehung zu ihrer Mutter noch inniger geworden. Ihr wurde klar wie schnell das Leben vorbei sein kann.

Mit 18 Jahren hatte sie das Abitur geschafft mit

einen überragenden Notendurchschnitt von 1.0, wodurch ihr alle Türen der Welt offen standen. Ob Studium, Lehre oder Arbeit, es stand ihr frei ihr weiteren Weg dadurch selbst zu gestalten.

Sie hatte sich für ein Lehramtsstudium entschieden, da sie schon immer kleine Kindern unterrichten wollte. Sie wollte ihnen das geben, was sie von ihrer Mutter bekommen hatte, eine ganz besondere Art das Leben zu betrachten. Eine positive, Lebensbejahende Art, frei von Zweifeln und Zwängen. Es ging immer eine Aura von ihr aus, die die Menschen in ihrer Umgebung in eine optimistische und fröhliche Stimmung versetzte. „Es gibt immer ein Morgen", pflegte sie zu sagen. In anderen Wörter, heißt das „lass dich nicht von den alltäglichen Widrigkeiten des Lebens unter kriegen, siehe alles als Herausforderung, die dich am Ende nur noch stärker macht."

Die positive, abenteuerlustige und temperamentvolle Art, die sie von ihre Mutter erbte und erlernte, wollte Johanna als Vorzüge, zusätzlich zu dem trockenen Schulstoff, ebenfalls an die Kinder weiter geben.

Mit ihren 23 Jahren sollte nun ihr Referendariat an einer Grundschule beginnen. Sie hatte die Stelle mit offenen Armen bekommen. Johanna wollte Englisch und Geographie lehren.

Einziger Nachteil war die Lage der Schule. Als Referendarin kann man zwar ein Wunsch äußern, allerdings wird man von einem Gremium dort eingesetzt, wo man gebraucht wird. Der kleiner Ort Erding ist eine altbayerische Herzogstadt. 36 km nordöstlich von Münchens östlicher Stadtgrenze und 36 km südwestlich von Landshut gelegen lag der ca. zwei Autostunden von ihrem momentanem zuhause entfernt, sodass ein Umzug, zumindest für die Dauer des Referendariats, unabdingbar war. Sie sah sich Erding schon davor an und verliebte sich sofort in den ruhigen Ort mit den schönen Turm, der als Glockenturm für die Stadtpfarrkirche dient und der ehemaligen Stadtresidenz der Grafen von Preysing, ein langgestreckten dreigeschossiger Walmdachbau mit Eckerker und prachtvollen Türbekrönungen.
Bis es bis dem Referendariat los gehen sollte, war noch eine Woche Zeit. Den Großteil des Umzugs hatte sie bereits hinter sich, denn sie erhielt die Wohnung recht schnell und konnte somit ihre Sachen aufteilt auf mehrere Fuhren schon dorthin bringen.Sie wartete nur noch auf ihre Mutter und auf Theresa. Beide versprachen zu helfen.

Theresa war eine sehr schöne junge Frau. 1,75 m groß, lange Beine, weibliche Figur, üppige Oberweite, süßes hübsches Gesicht. Sie trug ihre braunen Haare gerne Schulterlang. Da sie ihre Stirn nicht mochte, bedeckte sie es mit einem Pony. Auf der Stupsnase trug sie eine randlose Brille, wodurch ihre großen braunen Augen kleiner wirkten. Eine Frau die jedem Mann kriegen könnte und doch war sie noch Single. Sie war anders aufgewachsen als Johanna. Sie verbrachte die ersten zwei Jahre ihres Lebens im Waisenhaus. Ihre Eltern waren verunglückt und leider gab es keine weitere Familie bei der sie hätte ausgewachsen können.

Somit wurde sie im Alter von zwei Jahren von einen sehr liebenswürdigen Ehepaar adoptiert, welches selber keine eigene Kinder bekommen konnte. Sie hatten nie viel Geld. Es reichte gerade mal für das nötigste und dennoch war Theresa glücklich aufgewachsen. Im Gegensatz zu Johannas Eltern, hatten ihre Eltern oft Zeit. Sie konnten zwar nichts teures kaufen, hatten ihr dafür aber viel Zeit und Liebe gewidmet.

In der Schule war Theresa guter Durchschnitt. Sie hasste Ungerechtigkeiten, daher wurde sie Johanna´s Freundin. Sie mochte es einfach nicht, wenn andere sie mieden, nur weil sie gute Noten hatte. Johanna hatte ihr dies schon immer hoch angerechnet, also öffnete sie ihr ihr Herz und so wurden die beiden im Laufe der Jahre beste Freundinnen.

Als Johanna erfuhr, dass ihr Referendariat in einem weiter entlegenen Ort sein würde, beauftragte sie einen Makler für sie die geeignete Wohnung zu suchen. Nach mehreren Besichtigungen entschied sie sich für eine drei-Zimmer-Wohnung, fast zu groß für eine Person alleine, allerdings wollte sie einen Raum für Nachhilfe einrichten, sodass es von der Größe her perfekt war. Der helle Holzboden mit einer leichten Maserung wurde perfekt zu den dunklen Möbeln passen, welche sie für das Wohnzimmer vorgesehen hatte. Die Bilder, welche sie von früheren Reisen mit ihren Eltern hatte, vervollständigten ihrer Meinung nach das wohlige Gefühl im „Lounge-Bereich" wie sie ihn geistig schon taufte. Es war eine helle, einladende Wohnung. Über eine Glastür im Wohnzimmer erreichte man noch ein kleinen Garten, den sie noch dekorieren wolle. Sie hatte in Thailand mal einen sehr schönen Garten gesehen, mit Steinwegen und Wasserspiele und genauso wollte sie es einrichten. Sie war voller Vorfreude auf ihr neues Leben, auf das Unabhängig sein. Endlich auf den eigenen Beinen stehen und vor allem, endlich ihr eigenes Geld zu verdienen.

Mit der Schule traf sie die Vereinbarung, Schülern mit Lernschwierigkeiten Nachhilfe außerhalb der regulären Schulzeiten zu geben. So verdiente Sie während des Referendariats ein wenig Geld hinzu, wodurch es ihr möglich war persönliche Ausgaben zu decken.

Sie hatte zwar nie Geldprobleme, weil das Erbe ihres Vaters wirklich sehr hoch war, aber das eigene Geld zu verdienen, erfüllte sie mit Stolz. Trotz allem war sie nervös. Sie fragte sich was sie wohl erwarten würde und wie die Kinder auf sie reagieren würden. Ein wenig hatte sie sich auch Gedanken darüber gemacht, ob sie sich für den richtigen Beruf entschieden hatte.

Sie sah wie ihre Freundin um die Ecke kam. „Thess!!!, vielen Dank, dass du dir die Zeit genommen hast um mir zu helfen. Ich weiß, dass du viel zu tun hast." - begrüßte Johanna ihre beste Freundin.

„Das ist doch selbstverständlich, Anni. Zeige mir doch erst mal deine Wohnung. Danach kannst du mir irgendeine Aufgabe geben." - sagte Theresa. Johanna zeigte ihr alle Räume und erklärte ihr, wie es jeweils eines Tages aussehen soll. Die einzelnen

Räume waren noch nicht fertig eingerichtet. Als sie fertig waren mit der Besichtigung, bat Johanna sie das Geschirr in der Küche fertig einzuräumen, während sie selbst die restlichen Handtücher im Bad verstaute.

Plötzlich hörte Johanna wie nach ihr gerufen wurde.

„Hey Prinzessin" - so wurde sie immer von ihrer Mutter genannt. „ Wo bist du den schon wieder mit deinen Gedanken?"

„Mum, ich freue mich dich zu sehen. Hast du es gut her gefunden?" - fragte sie die Mutter.

„ Ja war nicht schwer, der junge Mann hier, hat mir mit den Rest deiner Sachen geholfen." - antwortete die Mutter.

Johanna hatte sich so sehr gefreut ihre Mutter zu sehen, dass sie ihn gar nicht bemerkt hatte. Sie betrachtete ihn.

Er war kein schöner Mann im klassischen Sinne, hatte aber ein Wahnsinns Körper, soweit sie es durch dem T-Shirt erkennen konnte.

Er hatte stahlblauen Augen wie Terence Hill gepaart mit ein verschwitztes Lächeln a la Jackie Chan. Er hatte schwarze Haare und war ca. 1,80 cm groß. Johanna war sofort sein Grübchen am Mund aufgefallen. Die tauchte immer auf, wenn er lächelte. Sie schätze ihn so um die 30 Jahre ein. Er kam ihr arrogant vor. Irgendwas an ihm, bewirkte, dass sie weglaufen wollte, gleichzeitig, war sie sich aber sehr sicher, dass sie sich sehr gut in seinen Armen fühlen würde. Sie hatte das Gefühl bei ihm in Sicherheit zu sein.

„Prinzessin, willst du nicht Hallo sagen und auch mal danke?! Ich habe dich anders erzogen!" - sagte die Mutter entrüstet.

Sie wurde vor Scharm rot und erwiderte: „Oh klar, tut mir leid. Danke dass Sie meiner Mutter geholfen haben. Was schulde ich Ihnen?"

Er schaute sie nur an. Nach ein paar Sekunden, was ihr wie eine halbe Ewigkeit vorkam, sagte er endlich:

„Nichts, war mir eine Freude. Ich bin übrigens Stefan, wir sind wohl ab jetzt Nachbarn!"

„Oh ok, ich bin Johanna! Auf eine gute Nachbarschaft." sagte sie lächelnd.

„Ja, werden wir sehen. Ich muss wieder, die Arbeit ruft. Man sieht sich sicherlich wieder." - sagte er versunken in Gedanken und verschwand durch die Tür, ohne ihr Zeit zu geben sich zu verabschieden.

Die Frau hatte ihn irgendwie berührt, auf eine Art und Weise, die ihm Angst machte. Er wusste nicht wieso, aber sie hatte irgendetwas an sich, was ihn anzog. Sie war so wunderschön...diese Augen...mal vom Rest abgesehen. „Die Frau ist einfach heiß."- Dachte er sich.

In Gedanken verloren, ging er weiterhin seinen Weg in die Arbeit und hinterließ eine völlig verblüffte Johanna zurück.

„Wie unverschämt kann man nur sein?! Hat er nicht gelernt sich zu verabschieden, bevor er geht?!" - fragte sie.

„Ach Prinzessin, der war einfach im Stress. Mir schien er sehr nett." - sagte ihre Mutter.

„Wenn du das sagst!" - sagte Johanna ungläubig.

„Komm wir gehen rein."

„Habe ich da eben eine männliche Stimme gehört?" - fragte Theresa.

„Ja, Johanna´s neuen Nachbar, der Stefan. Er hat mir geholfen ihre Sachen zu tragen." - antwortete Johanna´s Mutter.

„Ja, so schnell geht es also bei dir, Annie." - spaßte Theresa.

„Lass das Thess, helft mir lieber...bitte!" - sagte Johanna.

Sie fingen an die restlichen Möbel aufzubauen. Johanna hatte sich vor allem auf die alte Standuhr ihres Vaters gefreut. Sie war zwar sehr laut, aus dunklem massiven Holz und passte so gar nicht zu dem Rest der Möbel, aber sie musste immer daran denken, wie ihr Vater vor genau dieser Uhr stundenlang Geschichten vorlas oder wie er auf den Sessel saß, die Uhr stundenlang anstarrte und sich dabei in einer ganz eigenen Welt befand. Nach ein paar Stunden waren die drei soweit, dass sie ans dekorieren gehen könnten. Sie waren aber zu müde um weiterzumachen, so entschieden sich das auf den nächsten Tag zu verschieben. „Mum, Thess, vielen Dank für eure Hilfe. Soll ich uns Nudeln machen?! - fragte Johanna. „Oh ja, das hört sich wunderbar an. Hatte gar nicht gemerkt wie hungrig ich bin." - antwortete ihre Mutter.

Während sie kochten, unterhielten sie sich über dies und das. Die Stunden vergingen und irgendwann waren sie so müde, dass sie fast im Sitzen eingeschlafen wären. So beschlossen die drei schlafen zu gehen.

Theresa hat dann noch ein wenig Fern gesehen, schlief irgendwann auf dem Sofa ein und träumte. Ihr war plötzlich kalt, alles war dunkel und sie fühlte sich alleine. Und im nächsten Moment saß sie auf einem Feld, alleine, heulend. Im Inneren verspürte sie das Gewicht von tief sitzende klaffende Wunden, die durch viele Enttäuschungen verursacht worden waren. Und wieder war alles dunkel, ohne Aussicht, keine Hoffnung. Was ist überhaupt Hoffnung, das lächerliche Gefühl das alles wieder gut wird? Und was hat man davon? Am Ende wieder Enttäuschungen? Sie fühlte wie ihr Herz und ihre Seele immer mehr durch riesigen Narben schmerzten. Diese drohten sie komplett zu zerreißen. Im Hintergrund eine immer lauter werdende Stimme, die immer wieder die gleiche Frage stellte. Was ist Hoffnung?

Dann sah sie sich wieder als Kind.

„Mama, Mama, wollen wir spielen?

„Tut mir leid Prinzessin, ich muss arbeiten." Die Stimme war wieder zu hören. „Das ist doch eine kleine Enttäuschung, das hat dich doch nie wirklich verletzt. Es geht um viel tief sitzende Schmerzen."

„Mama, wer ist das?"

„Das ist ein Freund, er hilft uns ein wenig mit der Farm."

Nochmal Schmerzen, noch mehr Wunden und dann wieder die Stimme die sagte: „Er war..." Theresa wachte auf, verwirrt, erschrocken von solch einem Traum. Was hatte das nur zu bedeuten?

Wieso tauchte gerade er in ihrem Traum auf, ja sie fand ihn schon merkwürdig. Als Kind hatte sie ein Schauer über den ganzen Körper als sie ihn zum ersten mal getroffen hat. Aber ihre Mutter sagte, dass das ein Freund sei und das man Leute nicht nach ihrem Aussehen beurteilen sollte, also hat sie ihr eigenes inneres Gefühl ignoriert.

„Ach"- dachte sie sich. „Passt zu dem komischen Traum! Komischer Traum, komischer Mann." Sie schlief wieder ein.

Schnell war die Woche vergangen und Johanna machte sich für den ersten Tag an der Schule fertig. Sie war sich unsicher was sie anziehen sollte. Sie kaufte sich zwar extra für den Tag ein dunkelblauer Kostüm, aber jetzt erschien ihr das Kostüm zu streng, herb und irgendwie dachte sie, dass ihre Mutter mal so ein Kostüm anhatte. Sie wollte doch nicht wie eine alte Frau wirken. Ganz im Gegenteil, sie wollte neuen Wind in die Schule bringen.

Und dafür wäre das Kostüm nicht wirklich das Wahre, daher verstaute sie es wieder in den Schrank und nahm eine schwarze Jeans und ein rotes T-Shirt raus, schloss sich die Haare hoch in einen lockeren Pferdeschwanz und betrachtete sich wieder in den Spiegel. Es gefiel ihr um einiges besser.

Mit schrecken stellte sie, bei einem Blick auf die Uhr fest, dass sie schon viel zu spät dran war, daher nahm sie ihre Tasche und rannte aus der Wohnung.

An der Grenze zum Nachbargrundstück, spürte sie plötzlich ein stechender Schmerz. Sie war gegen Stefan geprallt. In der Eile hatte sie ihn nicht gesehen.

„Kannst du nicht aufpassen?! Oh Mann, das kann ja was werden mit dir!" - sagte er. Und schon verschwand er wieder und verblüffte Johanna erneut.

„Das macht er doch mit Fleiß."- dachte sie sich, blickte auf die Uhr und nahm ihren Weg hastig wieder auf.

In der Schule angekommen, ging sie zum Sekretariat, sie sollte ein Vertrauenslehrer bekommen, zu dem sie immer gehen konnte, falls sie nicht weiter wusste.

„Guten Morgen Frau Schwarz."

„Guten Morgen, nenne mich bitte Sabine, wir sind ja ab heute Kolleginnen! Du bist Johanna oder?! - sagte Sabine.

„Ja, danke. Sehr gerne. Ich freue mich auf unsere Zusammenarbeit."

„Freue dich nicht zu früh." - sagte Sabine mit einen Lächeln.

Sabine war 35 Jahre alt, ein wenig fester gebaut, hatte blaue Augen und hatte sich mit ihren dunklen brauen Haare eine echt lustige Frisur gemacht.

Irgendwie hatte sie die Haare mit einem Stift so zusammen geknotet, dass es so aussah wie ein Vogelnest. Sie trug Jeans und ein roter Pullover. Dazu hatte sie weißrote Turnschuhe angezogen, die super zu ihren weißen Gürtel passten. Sie schien sehr sympathisch.

„Setzt dich erst mal" - sagte Sabine. „Herr Meyer wird noch eine Weile brauchen."

„In Ordnung, danke dir." - sagte sie, während sie sich saß. Als Ablenkung beobachtete sie den Raum und versuchte ihre Nervosität zu unterdrücken. Er war so wie man sich ein Sekretariat vorstellt, wie sie es noch aus ihren eigenen Schulzeiten kannte.

Hell, mit zwei großen Schreibtischen die ein Viereck bildeten mit jeweils ein Computer und lauter Formularen drauf. Dahinter an der Wand, zwischen zwei Fenstern hing ein Bild von einen sehr alten großen Baum in der Dämmerung. Knapp ein Meter von den Tischen entfernt, stand ein dunkler, schwerer Tresen. Darauf, wie sollte es anders sein, ein Drucker, ein Kopierer, ein Haufen Stempel und noch weitere Formulare. Neben der Tür an der Wand, standen noch vier Stühle, penibel aufgereiht. Vor dem Tresen, auf dem Boden, war noch ein Teppich zu sehen, mit der Aufschrift „Bitte Abstand halten".

Plötzlich ging die Tür auf und ein Mann betrat den Raum. Von hinten könnte es Stefan sein, dachte sich Johanna und lachte innerlich über ihr eigener Vorstellungsvermögen.

„Guten Morgen Sonnenschein, wie war dein Wochenende? Ist die Referendarin schon da?" - fragte der Mann.

Die Stimme kam Johanna bekannt vor. „Oh Gott, das ist Stefan!" - dachte Johanna.

„Nicht so viele Fragen auf einmal Stefan. Es ist doch Montag." - sagte sie und blinzelte ihm ein Auge zu. „Mein Wochenende war super, wie immer. Frau Claassen sitzt schon seit über 15 Minuten auf den Stuhl hinter dir."

Stefan drehte sich um, sah Johanna und war sehr erstaunt. „Du?" - fragte er.

„Oh ihr kennt euch schon. Ist ja perfekt, dann muss ich euch ja nicht mehr vorstellen." - sagte Sabine.

„Das ist zu viel gesagt." - erwiderte Johanna. „Wir sind uns ein paar mal begegnet."

Johanna stand auf und schaute Stefan an. „Du bist Herr Meyer, mein Vertrauenslehrer?! - fragte sie vorsichtig.

„Und du bist Frau Claassen?! Dann ja." - er stockte kurz und sagte dann weiter. „ Da das jetzt geklärt ist, können wir zur Tagesordnung weiter gehen. Folge mir, wir haben viel zu tun!"

Der Vormittag verlief ohne weitere Vorfälle. Stefan hatte ihr die restlichen Lehrer vorgestellt. Der Mathematiklehrer, Peter Konrad, war ein Mann mittleren Alters. Er war relativ klein und hatte einen kleinen Bauch. Ein paar weiße Haare an den Schläfen waren bereits zu sehen und er trug eine runde Brille an der Nasenspitze. Er hatte einen grauer Anzug mit weißen Nähten an. An der rechten oberen Jackentasche hatte er sich eine weiße Rose gesteckt, an der er ständig roch.

Frau Julia Becker, die Deutschlehrerin, war für ihren 62 Jahre immer noch sehr attraktiv. In jungen Jahren hatte sie sicherlich viele Männern den Kopf verdreht. Sie strahlte eine herrliche innere Ruhe aus, wie sie Johanna noch nie gesehen hatte. Sie war schon kurz vor der Rente. Die Haare waren komplett weiß und nach oben gesteckt in einem vornehmen Dutt. Sie trug ein Amulett um den Hals mit einen Foto von ihren Ehemann.

Die junge Sportlehrerin, Frau Tatjana Herz. Ihre Figur war natürlich dementsprechend. Sie trug einen Lila-Sportanzug und hatte ihre rote Haare in einen Pferdeschwanz gebunden. Ihre grünen Augen waren einfach nicht zu übersehen. Johanna konnte sie nicht einschätzen. Die Art und Weise wie sie Stefan angeschaut hatte, war ihr aufgefallen und das mochte sie nicht.

Johanna wurde herzlich von allen begrüßt. Sogar der Rektor der Schule hatte sich die Zeit genommen um sie in der Schule willkommen zu heißen. Alle hatten ihr für den ersten Tag und für das Referendariat insgesamt viel Glück gewünscht. Johanna war sehr positiv überrascht. Nun müssten sie nur noch die Schüler so gut annehmen und akzeptieren.

Sie hatte eine horrende Angst davor, dass die Schüler sie nicht mögen würden und sie dem entsprechend behandelten. Sie hatte so hässliche Geschichten über Neulinge an Schulen gehört die kurz darauf den Beruf gewechselt hatten, weil sie nicht mit den Gemeinheiten der Kinder klar gekommen waren. Die einen wurden solange mit Bananen schallen beworfen, bis sie den Klassenraum fluchtartig verlassen hatten. Die anderen müssten sich z.B mit Fürzkissen veräppeln lassen und vieles mehr.

„Johanna, kommst du?" - frage Stefan. „Die Klasse wartet."

„Ja, ich komme." - antwortete Johanna. Kurz vor dem Klassenraum, hielt Stefan an. „Du beobachtest heute nur. Es macht den Anfang für dich leichter." - sagte er.

„Ok, ich halte mich zurück." - antwortete Johanna. Frau Becker kam in den Moment vorbei. „Ach Stefan, immer das Gleiche mit dir." - sagte sie mit einem Lächeln. „Lass sie nicht zu lange nur zuschauen."

„Keine Angst Frau Becker, nur die angemessene Zeit." - antwortete Stefan.

Frau Becker drehte sich dann zu Johanna. „Er bellt nur, keine Angst." - sagte sie mit einem Grinsen zu Johanna."Wie sagt man so schön? Bellende Hunde beißen nicht!"

Johanna musste lachen und die ganze Anspannung fiel ihr von den Schultern ab. „So ist es richtig meine kleine. Ich bin mir sicher, dass du das schaffst. Kopf hoch." - sagte Frau Becker und ging zu ihrem Klassenraum.

Stefan sagte dann nichts mehr, sondern zeigte ihr

nur mit eine Kopfbewegung, dass sie in den Klassenraum vor gehen sollte.

Es saßen 25 Kinder da, alle mit neugierigen Augen. Stefan schlüpfte in seine Rolle als Lehrer. „Guten Morgen. Heute wird uns Frau Claassen ein wenig Gesellschaft leisten und beobachten. Sie ist unsere neue Referendarin und soll für die nächsten zwei Jahren bei uns arbeiten." - sagte Stefan. „Begrüßt sie jetzt bitte angemessen."

Plötzlich standen alle Kinder auf, stellten sich Kerzen gerade hin und sagten alle in Chor: „Guten Morgen Frau Claassen. Willkommen an unsere Schule."

Dann setzten sich die Kinder wieder hin und richteten ihre Aufmerksamkeit an den Lehrer. Johanna konnte gerade so noch die Tränen verhindern. Sie hatte es nicht erwartet, so herzlich von allen empfangen zu werden.

„Wir prüfen erst einmal die Anwesenheit. Wie immer reicht ein kurzes Handzeichen, ich schaue dann jeweils hoch. So wie immer."- sagte Stefan weiter. „Albert...Anne...Benjamin..."

Johanna beobachtete ihn, er schien so selbstsicher zu sein. Keiner in der Klasse war bisher aufgefallen. Alle waren ruhig und warteten geduldig darauf, dass die Prozedur vorbei war.

„Wunderbar, alle da. Wir machen an der Stelle weiter, an der wir gestern aufgehört haben." - sagte Stefan zu den Kindern.

Wieder kein Muks. Die Kinder holten die Bücher raus, blätterten auf die richtige Seite und schon ging es los. Stefan fing dann an Fragen zu stellen um herauszufinden wie viel sich die Kinder aus der letzten Stunde gemerkt haben. Dabei ist Johanna aufgefallen, dass ein kleines blondes Mädchen sich regelmäßig gemeldet hat und immer wenn sie dran war, wusste sie die richtige Antwort. Johanna versuchte sich an ihr Namen zu erinnern und dachte sich an Sophie erinnern zu können. Sie wollte das Mädchen in den nächsten Tage beobachten um sicher sein zu können, dass ihr erster Eindruck richtig war. Sie hielt die kleine für sehr schlau in so jungen Jahren.

So vergingen mehrere Stunden. Johanna war hin und weg von seiner Lehrmethode.

In der Pause durfte sie zusammen mit Herr Konrad auf die Kinder aufpassen, während sie draußen spielten.

„Sag mal Johanna, wie kommt es, dass du gerade in die Grundschule wolltest?" - fragte Herr Konrad.

„Nun, kleine Kinder sind noch offen für Neues. Ab

einen gewissem Alter interessieren sie sich dann nur noch für z.B das andere Geschlecht oder ähnliches."-antwortete Johanna.

„Ja da magst du Recht haben. Allerdings ist es auch ein anstrengendes Alter. Die fordern sehr viel Aufmerksamkeit." - sagte Herr Konrad.

„Ich glaube, dass ich kein Problem damit haben werde." - sagte Johanna.

„Ich hoffe es für dich Johanna. Es wird nicht immer einfach werden." - sagte er. „Die Pause ist vorbei. Ich gehe rein. Viel Glück noch."

„Vielen Dank Herr Konrad. Wir sehen uns sicherlich." - antwortete sie und ging rein, nachdem sie sicher gestellt hatte, dass kein Kind mehr draußen ist.

Abends zu Hause, erzählte sie alles ihrer Mutter und Theresa die zu Besuch da waren. Beide hörten gespannt zu, während Johanna die einzelnen Kinder beschrieb. Sie erzählte, dass die Kinder tatsächlich so klein waren, dass sie auf den kleinen Stühlen des Klassenraums gut sitzen konnten. Für ein Erwachsene scheinen die winzig zu sein. Sie erzählte von der blonden Sophie mit ihren sprossen auf der kleinen Spitznase und wie klug sie ihr schien. Vom kleinen Robi, der mit seine sieben Jahren schon so klug und echt unschwer von allen anderen zu unterscheiden war wegen seine roten Haare. Besonders hob sie aber hervor, wie brav die Kinder aller waren und wie gut ihr Vertrauenslehrer die Kinder unter Kontrolle hatte.

„Das war ein voller Erfolg für dich, was?" - fragte ihre Mutter stolz.

„Ja, war ein toller erster Tag. Mal sehen wie sich das entwickelt. Noch habe ich keine eigene Klasse." - erwiderte Johanna.

„Anni, ein wenig mehr Geduld. Das war doch erst dein erster Tag." - sagte Theresa.

„Ich weiß Thess. Für den Anfang ist es in Ordnung." - antwortete Johanna.

„Ich möchte nicht unterbrechen, aber ich muss los. Ich habe heute noch eine Verabredung." - sagte Johanna´s Mutter.

Johanna und Theresa brachten sie dann raus und verabschiedeten sich. Danach gingen sie wieder ins Haus, wobei Johanna es nicht lassen konnte, ganz kurz, in die Richtung der Nachbarwohnung zu schauen, in der unbewussten Hoffnung ihn zumindest ganz kurz zu sehen. Sie musste über sich selber Lachen, als ihr Bewusst wurde was sie da tat. Theresa ist es nicht aufgefallen.

„Versuch einfach so viel wie möglich, von der Zeit mitzunehmen. Du wirst sehen, dass du schneller als erwartet deine eigene Klasse bekommst." - sagte Theresa.

„Du hast Recht. Vielen Dank Thess." - antwortete Johanna. „Schläfst du hier? Ich muss morgen früh aufstehen."

„Wenn du nichts dagegen hast. Dann kann ich von hier aus zu meinem Termin morgen früh." - sagte Theresa.

So gingen sie schlafen. Theresa hatte es sich wieder auf dem Sofa gemütlich gemacht. Sie machte sich noch ein paar Gedanken bezüglich des Termins am nächsten Tag und schlief ein. Der gleicher Traum fing wieder an. Alles fühlte sich wieder kalt an um sie. Es war alles dunkel. Der Freund von den Eltern war wieder da. Sie hatte ihn immer mal wieder gesehen. Er kam gelegentlich vorbei um die Schweine zu schlachten oder einfach auf ein Bier. Irgendwann erfuhr Theresa, dass er ein kleines Landstück genau auf der anderen Straßenseite hatte, hinter ein paar Büschen. Er sähte dort Gemüse. Viel mehr als eine kleine Hütte war nicht auf dem Gelände zu finden. Er lud sie eines Tages ein, sein Farm zu besichtigen. Theresa fühlte sich plötzlich verwirrt, hatte ein komisches Gefühl in der Magengrube. Alles wurde noch unheimlicher um sie. Die Stimme war wieder zu hören. „Geh nicht hin. Bleib fern von ihm." Sie fragte sich warum.Was hat dieser Stimme zu bedeuten? Dunkelheit. Ihre Stiefmutter tauchte auf, streichte ihr durchs Haar. Dann wurde sie weggerissen, wie von einer unsichtbaren Hand. Es wurde wieder dunkel und kalt. Dann sah sie sich wieder als Kind, wie sie mit sich selber haderte, ob sie nun mit zu seinem Farm gehen sollte oder nicht. Die Mutter hatte aber gesagt, er sei ein Freund. Sie sah wie sie ihn besuchte, er bot ihr etwas zum trinken an. War doch ganz in Ordnung. Er war doch nett. Wie alt war ich denn da, versuchte sie zu überlegen. Sie war da noch so klein. War sie fünf? Ja es dürfte ungefähr hinkommen. Fünf Jahre, ist das lange her. „Lauf weg Theresa, lauf weg" hörte sie wieder die Stimme sprechen und sie lief und lief und lief und plötzlich fiel sie. Um so tiefer sie fiel, desto dunkler wurde es und sie bekam Angst. Da wachte sie auf. „Schon wieder dieser Kerl."- dachte sie sich. Sie versuchte sich an ihrer Kindheit zu erinnern. Sie suchte nach einem Grund, warum sie schon wieder von ihm träumte. Sie wusste noch, dass sie ein paar Mal zum Spielen auf seinem Farm war. An mehr konnte sie sich aber nicht erinnern. Sie schaute auf die Uhr. In zwei Stunden war schon ihr Termin, also ging sie duschen und versuchte nicht an den komischen Traum zu denken. Es vergingen ein paar Wochen. Johanna verbrachte die Zeit in der Schule mit zusehen, zuhören und mitschreiben.

Dann endlich, sagte ihr Stefan:

„Johanna am Montag wird deine erste Unterrichtsstunde stattfinden. Du wirst alles so gestalten wie du magst. Diesmal schaue ich zu. Du musst aber einiges beachten. Der Unterricht muss in der Regel, egal ob es um Kleinkinder oder junge Erwachsene geht in vier Phasen aufgebaut sein. Der Einstieg/Motivation, Erarbeitung, Sicherung und natürlich die Übertragung. Das alles hast du aber sicherlich während deines Studium gelernt."

„Ja, habe ich."- antwortete sie.

„Ok. Du hast in den letzten Wochen mitbekommen, was wir alles behandelt haben. Ich möchte, dass du nochmal zwei Unterrichtsstunden als Abschluss zu dem Thema vorbereitest.." - sagte Stefan.

„Ja, in Ordnung. Willst du, das was bestimmtes dabei ist?" - fragte Johanna.

„Nein, ich lasse dir da freier Hand, dann kann ich es an besten bewerten und abschätzen, ob du schon so weit bist oder nicht." - antwortete Stefan.

„Gut, wie du möchtest. Willst du es vor dem Unterricht sehen?" - fragte sie gespannt.

„Nein, auch das nicht. Wie gesagt, ich setze mich dann hin, höre und schaue es mir an. Das ist der bessere Weg um dich beurteilen zu können." - antwortete er.

Am Abend wollte Theresa vorbeikommen.

„Theresa, super das du da bist." - sagte Johanna glücklich.

Immerhin hatten sie sich schon seit zwei Monate nicht mehr gesehen. Sie war zu beschäftigt gewesen mit den Umzug und dem neuen Alltag. Umso mehr hatte sie sich gefreut, als sich Theresa gemeldet hat. Beide wollten mal wieder zusammen kochen. Das hatten sie schon immer gerne getan. Sie suchten sich dann abwechselnd ein Rezept aus und kochten es dann nach. Währenddessen hatten sie sich über Gott und die Welt unterhalten, lachten und weinten. So konnten die beiden Stunden verbringen.

„Hi Anni, man habe ich dich vermisst. Ich habe dir soviel zu erzählen." - erwiderte Theresa.

„Komm erst mal rein Thess. Willst du was trinken?- fragte Johanna.

„Zeig mir doch erst mal deine Wohnung. Du hast doch in der Zwischenzeit alles fertig gemacht, oder?" - fragte Theresa.

„Ja genau, komm ich zeige es dir." - antwortete Johanna.

Johanna zeigte ihr die Wohnung. Theresa war begeistert, von dem hellen Holzboden mit leichter Maserung. Die dunklen antike Möbeln die Johanna dazu geschickt eingesetzt hatte, passten perfekt dazu. Im Wohnzimmer bzw. Lounge-Bereich, wie es von Johanna vorgestellt worden war, hatte Sie zwei der Wände in einem hellen Pistazien grün gemalt. Jedes einzelne Erinnerungsbild, welches Platz an einer der Wände gefunden hatte, war nochmals von einem etwas dunkleren Grünton umrahmt, wodurch diese zu einem Blickfang wurden. In den restlichen Räumen wechselte sowohl die Farbe, als auch der Einrichtungsstil. Von Antik über Modern war alles zu finden wobei Johanna extra darauf achtete, dass die verschiedenen Farbtöne der Räume sich optisch ergänzten. Der Stil zog sich aber über die gesamte Wohnung. Es war eine helle, einladende Wohnung stelle Theresa fest. Auch der Garten war mittlerweile fertig. Es sah beneidenswert aus, mit den geschickt platzierten

Steinwegen und Wasserspielen. Einer der Brunnen bestand aus drei alten aufeinander gestapelten Stämmen, die auf einer der Seiten von einem mittelgroßen Stein, in der gleichen Farbe wie die Steinwege, gestützt wurde. Das Wasser schien sich aus dem Nichts im oberen halboffenen Stamm zu sammeln und fiel dann in einem angenehmen plätschern bis zum unteren ebenfalls halboffenen Stamm. Theresa hätte noch Stundenlang dem beruhigenden Wasserplätschern zuhören können, bekam aber Hunger.

„Anni, das hast du super gemacht, aber ich habe langsam Hunger." - sagte sie und streichelte sich gleichzeitig den Bauch." Welches Rezept hast du dir diesmal ausgesucht?"

„Du wirst dich freuen. Es ist ein Rezept von Jamie Oliver. Er ist einfach genial! Egal wie einfach das Rezept ist, es schmeckt immer." - sagte Johanna.

„Mach es doch nicht so spannend!" - sagte Theresa.

„Ok, ok." - sagte Johanna mit einem Lächeln." Was hältst du von Ravioli mit einer Füllung aus

Ricotta, Pinienkernen, Parmesan und Kräuter?" - fragte Johanna.

„Egal was. Ich habe einfach nur Hunger!" - sagte Theresa, während sie sich wieder den Bauch streichelte.

Johanna war aufgefallen, dass Theresa glänzende Augen bekam, jedes mal wenn sie das tat.

Während sie die Füllung für die Ravioli fertig machten, erzählte ihr Johanna wie es in der Schule lief und natürlich über den komischen Nachbarn und wie überrascht sie war, dass gerade er, ihr Vertrauenslehrer für die Zeit des Referendariats war. Letzteres erzählte sie so sachlich wie sie konnte.

Theresa hörte gespannt zu, stellte auch mal eine Gegenfrage und schien an dem Gespräch teilzunehmen, dennoch bemerkte Johanna, dass Theresa die ganze Zeit nicht ganz anwesend war. Als ob sie was beschäftigen würde.

Johanna hatte ein super Menschenkenntnis. Sie merkte schon immer, wenn es jemandem psychisch oder körperlich nicht gut ging.

„Thess, ist alles ok mit dir?" - fragte Johanna.

„Dich kann man echt nicht täuschen...Du hast dafür irgendwie ein siebter Sinn." - sagte Theresa.

„Lass uns erst mal den Nadelteig machen. Wo hast du denn das Mehl?"

„Der Teig ist schon fertig, sonst hätte es zu lange gedauert. Wir können gleich die Teigblätter befüllen. Aber weich mir bitte nicht aus. Ich merke doch, dass dich irgendetwas beschäftigt!" - sagte Johanna.

„Ja ich weiß. Ok, ich fürchte, dass ich Schwanger bin!" - sagte sie mit einem halb lächeln.

„Äh? Du? Schwanger? Wie soll denn das gehen? Das letzte mal wo ich dich gesehen habe, warst du doch noch Jungfrau!?...Oh mein Gott, süße, und ich hatte keine Zeit für dich. Was ist denn passiert?" - fragte Johanna.

„Kannst du dich daran erinnern, dass ich dir erzählt habe, dass ich den Mike kennengelernt habe in der Arbeit?!" - Johanna nickte." Nun...er hat mich eingelernt und dabei sind wir uns näher gekommen. So nah, dass ich dachte, er wäre der richtige."

„Das ist doch super!" - sagte Johanna voller Freude.

„Ne, eben nicht!...Der Mistkerl hat eine Freundin. Das wohl seit Jahren." - sagte Theresa.

„Wie hast du es erfahren?!" - fragte Johanna.

„Wir hatten uns verabredet zum Essen. Ich hatte mich schon darauf gefreut und wollte ihm bei der Gelegenheit von meinem Verdacht erzählen. Das Dinner fing auch super an. Er war wie immer sehr Aufmerksam und schmeichelte mir die ganze Zeit. Nun und gerade dann als ich es ihm sagen wollte, meinte er, er müsse mir was erzählen. Und dann hat er es mir erzählt. „ - erzählte Theresa.

„Er kann es nicht mehr mit seinem Gewissen vereinbaren, sagte er. Kannst du dir vorstellen, wie ich da saß? Natürlich habe ich ihm dann nichts mehr erzählt. Ich bin aufgestanden, habe ihm eine gescheuert und bin gegangen. Das war vorgestern, bevor ich dich angerufen haben." - erzählte Theresa weinend.

„Oh meine süße, mein siebter Sinn scheint über das Telefon nicht zu funktionieren. Es tut mir so leid für dich." - sagte sie und umarmte sie.

So verbrachten sie eine Weile. Johanna streichelte Theresa übers Haar und hielt sie einfach nur

Fest. Es fiel kein einziges Wort. Johanna konnte in dem Moment nur für ihre Freundin da sein.

„Weist du was, Thess?! Komm mit, wir gehen zur Apotheke. Du kannst doch nicht im Ungewissen bleiben!" - sagte Johanna.

„Ja du hast Recht. Das hätte ich gleich tun sollen." - antwortete Theresa.

Sie stiegen in Theresas Herbie, einen roten Käfer von VW ein und fuhren zur Apotheke.

„Magst du mit rein kommen Thess?" - fragte Johanna.

„Lieber nicht Anni. Kannst du es bitte alleine kaufen?" - sagte Theresa.

Johanna ging rein und kaufte den Schwangerschaftstest für ihre Freundin.

Wieder zu Hause angekommen, machte Theresa den Test. Nach ein paar, für sie unendlich wirkenden Minuten konnten sie sich diesen endlich anschauen. Leider bestätige sich Theresas Befürchtung. Der Schwangerschaftstest war positiv. Theresa verbrachte den restlichen Abend weinend in Johannas Armen. Diese versuchte sie so gut wie es ging zu trösten. Irgendwann schlief Theresa ein.

Am nächsten Morgen war sie wie ausgewechselt.

„Weist du Anni, das schaffe ich schon. Ich bin doch auch ohne meine echte Eltern klar gekommen! Das wird schon gut gehen mit einen Elternteil. Ich werde auf jeden Fall eine gute Mutter sein. Ich weiß nur nicht, wie ich es mit der Arbeit machen soll. In drei Monate sollte ich doch die Geschäftsleitung übernehmen." - sagte Theresa.

„Naja, es ist bekannt, dass es viele alleinerziehende Mütter gibt, die gleichzeitig in der Arbeit erfolgreich sind. Mit deinen 26-Jahren sollte das kein Problem sein und ich versuche dir zu helfen, soweit es mein Beruf erlaubt...aber überlege dir das gut. Geh erst mal zum Arzt und lass dich beraten. Wenn du magst, komme ich mit." - sagte Johanna.

„Danke dir Anni, aber da muss ich alleine durch. Ich muss los! Ich rufe dich dann an und erzähle dir dann alles." - sagte Theresa, während sie übereilt das Haus verließ.

Johanna verbrachte den restlichen Tag damit die zwei Unterrichtsstunden, so gut wie möglich, vorzubereiten.

Während des Studiums lernte sie, dass schüleraktivierende Methoden am besten zu einer lebendige Unterrichtsstunde verhalfen. Daher bereitete sie Fälle, innerhalb des vorgegebenen Themas vor, um die Schüler dann in Gruppen arbeiten zu lassen. Außerdem suchte sie im Internet nach Arbeitsmaterial für die Kinder, da zwei Stunden zu kurz wären, wenn die Kinder auch noch selbst danach suchen müssten.

Dann machte sie noch einen kleinen Test fertig um am Ende der zwei Stunden selbst feststellen zu können, wie gut die Kinder das Thema verstanden hatten.

Montag Vormittag war Johanna ein wenig früher in der Schule gewesen um das Klassenzimmer vorzubereiten. Sie wollte vor Unterrichtsbeginn die Tische umstellen, sodass die Kinder sich gleich in Gruppen zusammensetzen konnten.

Auf dem Weg in den Klassenraum traf sie auf Frau Becker.

„Guten Morgen Frau Becker." - begrüßte Johanna sie.

„Guten Morgen Liebes. Gut, dass ich dich treffe. Ich wollte dich zu meiner Abschiedsfeier einladen." - sagte Frau Becker.

„Abschiedsfeier?" - fragte Johanna.

„Ja. Hat dir denn der Herr Meyer nichts erzählt? Da muss ich ein Wörtchen mit ihm reden! Macht ja nichts, ich werde bald in Rente gehen. Mein Abschiedsfeier ist jetzt am Wochenende. Ich würde mich sehr freuen, wenn du kommen würdest." - sagte Frau Becker.

„Natürlich, ich werde da sein. Wo soll es stattfinden?" - fragte Johanna.

„Die Feier wird in der Turnhalle sein." - antwortete Frau Becker.

„Dann werde ich da sein. Gibt es schon eine Uhrzeit?" - fragte Johanna.

„Noch nicht, ich warte da noch auf eine Information von der Schulleitung. Sobald ich es habe, gebe ich dir nochmal kurz Bescheid." - sagte Frau Becker.

„Ok, freue mich." - sagte Johanna.

„Schön! Dann lass ich dich mal in deinem Klassenzimmer gehen. Bis später Johanna." - verabschiedete sich Frau Becker.

„Bis später Frau Becker." - antwortete Johanna.

Plötzlich stand Stefan hinter Johanna.

„Ich hoffe du hast dir Mühe gegeben, Johanna." - sagte Stefan.

„Oh, Guten Morgen Stefan. Ja habe ich natürlich." - antwortete Johanna.

„Sicher? Wenn man schwanger ist, kann man sich manchmal nicht auf was anderes konzentrieren!

Eigentlich komisch, mir ist kein männlicher Besuch aufgefallen, seit dem du meine Nachbarin bist." - sagte Stefan.

„Wieso schwanger?! Ich bin nicht schwanger! Und außerdem, es geht dich überhaupt nichts an." - sagte Johanna und ging fast flüchtend Richtung Sekretariat.

„Diese Frau! Was für eine Verschwendung. Ich hätte mir schon denken können, dass die nichts drauf haben kann...Wer lässt sich denn in so einer Lebensphase schwängern?" - dachte sich Stefan.

Johanna wollte Theresa von der Rezeption aus anrufen, sie wollte erfahren wie es ihr geht. Sie hatte ihr Handy vor lauter Stress in der Früh, zu Hause vergessen.

„Guten Morgen Sabine, wie war dein Wochenende?" - fragte Johanna als sie in die Rezeption rein ging.

„Guten Morgen Johanna. Sehr gut und deines?" - antwortete Sabine.

„Schön, habe eine Freundin getroffen. Wir beide hatten sehr viel Spaß. Du was anderes, darf ich von hier aus telefonieren? Ich habe mein Handy zu Hause vergessen!" - sagte Johanna.

„Natürlich Johanna. Fühle dich wie zu Hause! - antwortete Sabine und verließ die Rezeption um Johanna ein wenig Privatsphäre zu gönnen.

„Thess, ich bin es. Wie geht es dir?!" - fragte Johanna am Telefon.

„Hi Anni, den Umständen entsprechend gut. Ich habe mir für morgen ein Termin beim Frauenarzt gemacht. Ich möchte endlich die endgültige Gewissheit haben." - sagte Theresa.

„Verständlich, mir würde es in deiner Situation wahrscheinlich nicht anders gehen. Meldest du dich dann bei mir? Ich muss jetzt leider zum Unterricht." - fragte Johanna.

„Klar Anni, ich melde mich dann bei dir. Viel Glück." - erwiderte Theresa.

„Vielen Dank und dir natürlich auch. Bis morgen." antwortete Johanna.

„Bis Morgen" - verabschiedete sich Theresa.

Johanna ging ins Klassenzimmer, begrüßte die Kinder und gab ihr bestes mit dem vorbereiteten Material. Stefan beobachtete sie die ganze Zeit und hat wie versprochen, die ganze Zeit über nichts gesagt.

Nachdem Johanna die kleinen „Endtests" wieder eingesammelt hatte, übernahm Stefan wieder.

„Vielen Dank Frau Claassen, ich übernehme jetzt wieder. Bitte korrigieren Sie in der Zwischenzeit die Arbeiten." - sagte Stefan.

Am Ende des Tages drehte sich Johanna zur Stefan und fragte wie er es fand.

„Johanna, lass uns das bei einem Abendessen heute Abend besprechen. Ich muss jetzt ganz schnell weiter. Mir fehlt die Zeit mich jetzt mit dir darüber zu unterhalten. Bei mir um 20 Uhr?" - sagte er und ging los, ohne auf ihre Antwort zu warten.

„Hey warte mal. Was hast du denn so wichtiges zu tun, dass du sogar die Arbeit liegen lässt?!" - fragte Johanna.

Stefan hielt an, drehte sich um und ging zielstrebig Richtung Johanna. Ihr lief plötzlich ein Schauer durch den ganzen Körper. Dieser Blick. „Oh Gott, er kommt immer näher." - dachte sich Johanna.

Stefan stand vor ihr und schaute ihr ganz tief in die Augen. Er hob seine Hand und streichelte ihr übers Gesicht. Johanna wusste nicht was sie tun sollte. Weglaufen? Stehen bleiben?

„Eins möchte ich klar stellen Anni. Du bist für mich keine Arbeit!" - sagte Stefan und streichelte ihr

mit dem Daumen über die Unterlippe. „Nein...das muss jetzt warten. Ich muss mich mit ein guten Freund treffen. Wir machen heute Abend weiter. Nicht vergessen, um 20 Uhr bei mir."

Johanna stand mit offenem Mund da, sie war erstarrt vor lauter Überraschung vor dem was eben passiert ist. Sie wusste nicht was das alles zu bedeuten hatte.

„Johanna, alles in Ordnung?" - fragte Tatjana, die Sportlehrerin, die um die Ecke kam.

„Ähhh, ja natürlich. Habe eben nur überlegt, ob ich was vergessen habe. Schönen Abend Tatjana." - sagte Johanna und ging los ohne auf eine Verabschiedung zu warten.

Zu Hause angekommen, rief sie ihre beste Freundin an.

„Thess, ich bin es!" - sagte Johanna.

„Hi, ich dachte ich soll mich bei dir melden, sobald ich was genaueres weiß." - antwortete Theresa.

„Ja ich weiß, aber ich muss dir was erzählen?!" - sagte Johanna.

„Was denn?" - fragte Theresa.

„Ich habe dir doch von meinem Vertrauenslehrer erzählt? Ich hatte eben eine total komische Begegnung mit ihm. Wenn ich es nicht besser wüsste, hätte ich gesagt, dass er mich fast geküsst hätte. Und das völlig ohne Grund." - sagte Johanna.

„Wie? Fast geküsst?" - fragte Theresa.

Johanna erzählte ihr wie die Situation war und wie konfus sie sich dabei gefühlt hat.

„Oh Gott, das ist ja spannend. Und du triffst dich heute noch mit ihm?" - fragte Theresa.

„Ja, ich weiß gar nicht wie ich mich verhalten soll." - sagte Johanna.

„Naja, erst mal als ob nichts gewesen wäre. Es soll doch um die Arbeit gehen, oder?" - sagte Theresa.

„Ja, du hast Recht. Ich tue so als ob nichts gewesen wäre." - sagte Johanna.

„Du, weil du vorhin das Wort Konfus verwendet hast. So fühle ich mich auch in letzter Zeit und dass hat nichts mit der möglichen Schwangerschaft zu tun. Hast du noch einen Moment." - fragte Theresa.

„Ja ein wenig Zeit habe ich noch. Was ist passiert?" - fragte Johanna.

„Ok. Ich habe in letzter Zeit so komische Träume. So beängstigende Träume." - fing Theresa an und erzählte ihr von ihren Träume in denen der frühere Freund der Familie immer wieder auftauchte. Wie sie sich dabei fühlte und dass sie sich das nicht erklären könne. „Zuerst habe ich es als zufälligen Halbtraum abgetan, aber gestern hatte ich wieder solch ein Traum. Er tauchte wieder auf, nur er. Sonst war nichts zu sehen. Um ihn herum war es dunkel. Er fragte mich, was ich machen würde, wenn er mir sein bestes Stück zeigen würde. Ich war total erschrocken und trotzdem neugierig. Ich sah wie ich im Traum versuchte meine kindlicher Neugier zu überwinden. In meiner kindlichen Unschuld und ohne mich Gedanken über die Konsequenzen zu machen, sagte ich nur, dass ich hinschauen würde. Komisch nicht? Ich kann dir jeden einzelnen Augenblick dieses Traums erzählen. Nun ja, Jedenfalls hat er dann angekündigt, dass er seine Hose aufmacht, damit ich es sehen kann. Dann machte er es auch und fragte mich, ob ich weiß, was super ist an sein bestes Stück. Ich habe richtig gemerkt, wie ich im Traum Angst hatte. Ich war aber zu neugierig um weg zu schauen oder gar weg zu gehen. Dann sagte er, dass es wächst, wenn man es streichelt und fragte mir ob er es mir zeigen soll. Und das unglaubliche ist, dass er dann angefangen hat sich eine runter zu holen. Es ist doch idiotisch oder? Was soll mir diesen Traum sagen? Es macht kein Sinn."

„Das ist tatsächlich ein sehr komischer Traum. Ich kann mir auch kein Reim draus machen. Und so was träumst du häufiger?" - fragte Johanna.

„Ja, wenn ich es sagen müsste, würde ich sagen, es ging los in der Nacht als ich bei dir schlief. Da hatte ich dir doch von Mike erzählt. Weist du noch?" - fragte Theresa.

„Ja natürlich." - antwortete Johanna.

„Schon komisch oder?" - fragte Theresa.

„Mehr als komisch. Das sind unheimliche Träume Thess...Süße, es tut mir echt leid, aber ich muss los. Stefan wartet sicherlich schon." - sagte Johanna mit schlechtem Gewissen.

„Macht absolut nichts. Wir sprechen uns nach meinem Arztbesuch." - sagte Theresa und legte auf.

Während des Telefonats fand das Treffen mit Stefan und seinem Kumpel statt.

„Mike, hallo. Tut mir leid, dass ich zu spät bin!"
- sagte Stefan.

„Hi Stefan, ich kenne dich ja nicht anders, schon in Ordnung. Setzt dich doch erst mal. Ich habe mir erlaubt schon mal ein Kaffee zu bestellen." - sagte Mike.

„Gut, dann trinke ich auch einen. Was ist den los? Du hast dich am Telefon so angehört, als ob dich jemand in der Schlinge hätte?" - sagte Stefan, während er lachte.

Mike Peters hatte schon immer Angst vor Bindungen. Vor allem die Bindungen zu Frauen. Immer wenn er der Meinung war, dass es zu eng wird, gab er den reumütigen, der schon lange eine Freundin hätte und es jetzt nicht mehr mit seinem Gewissen vereinbaren konnte. So hatte er schon viele Frauen, das Herz gebrochen, die sich mehr erhofft hatten.

Mike war mit seine 33 Jahren noch nie in einer festen Beziehung gewesen und anscheinend war er damit mehr als zufrieden. Er mochte es abwechselnde Sexabenteuer zu haben und lebte es in vollen Zügen aus.

Er verbrachte seine Zeit mit unbedeutenden One Night Stands und wenn er gerade keine Frau am Start hatte, war er beim Fitness.

Dementsprechend war sein Körperbau. Er sah jünger aus, als er war. Seine blonde Haare waren immer gestylt und auch sonst war ihm sein Erscheinungsbild sehr wichtig.

„Mich?! Nein, ich konnte wieder mal entfliehen. Nur diesmal war es wirklich knapp. Sie hat es über die Freundschaftstour versucht." - sagte Mike.

„Wie meinst du das?!" - fragte Stefan.

„Ich habe sie in der Arbeit eingelernt. Wir verstanden uns gut also haben wir uns ein paar mal getroffen. Sie hat mir erzählt, sie wäre mit zwei Jahren adoptiert worden und dass sie auf einen Bauernhof die ersten Jahre aufgewachsen ist. Natürlich landeten wir irgendwann im Bett und das mehrmals. Die Frau war einfach der Hammer." - sagte Mike.

„Klingt doch alles ganz gut. Wo ist denn dein Problem?" - fragte Stefan.

„So genau kann ich dir das gar nicht sagen. Ich erwischte mich dabei, wie ich mich über das nächste Treffen mit ihr gefreut habe und dabei auch noch lächelte. Kannst du dir das vorstellen? Ich einsamer Wolf? Bei einen der Treffen tranken wir beide relativ viel und das schien bei ihr aller Scheu auszuschalten. Sie fing an zu reden und erzählte mir eine echt krasse Geschichte." - sagte Mike.

„Naja, es muss schon eine richtig krasse Geschichte gewesen sein, damit du notorischer Einzelgänger mal wieder dein Standardprogramm abziehst." - veräppelte ihn Stefan.

„Ja ja, lach du nur. Es war diesmal echt knapp. Nun ja, sie erzählte mir, dass sie als Kind wohl mehrmals missbraucht worden ist. Sie ging dabei sehr ins Detail.

„Ok, das hört sich übel an." - sagte Stefan.

„Ja, ich erinnere mich daran, als ob es mir selbst passiert wäre, so genau hat sie es erzählt. Ich muss es dir darlegen, damit du es verstehen kannst." - sagte Mike.

„Mike ich arbeite jeden Tag mit Kindern zusammen. Meine Hauptaufgabe ist, nach dem lehren, für deren Schutz zu sorgen. Von solchen Geschichten will ich nichts wissen." - antwortete Stefan.

„Stefan, ich muss es dir erzählen, sonst verstehst du es nicht, wie knapp es diesmal war! - erwiderte Mike.

„Ok, weil du es bist." - antwortete Stefan und atmete tief ein.

Mike fing an die Geschichte zu erzählen. Zuerst allgemein, wie sie ihn zum ersten mal getroffen hat. Wie Unbehaglich sie sich dabei gefühlt hat. Er erzählte, dass sie gefragt wurde, ob sie „Es" anfassen wolle.

„Und sie bejahte dies. Er hat ihre kleine Hand genommen und hat es damit umschlossen. Er meinte sie müsse es jetzt auch bewegen, so wie er es davor getan hatte. Und sie tat es, es war für sie irgendwie lustig zu sehen, wie es gewachsen ist. Er wollte es dann schneller haben und auch das hat die kleine gemacht. Sie erzählte, dass sie es mit ihren kleinen Hände kaum umschließen konnte.

„Weißt du, wie du mir noch mehr helfen kannst, dass es noch mehr wächst?" fragte er sie. Nach dem sie mit „Nein" geantwortet hat, sagte er weiter *„Zieh deine Unterhose aus uns setzt dich auf mein Schoss..."* Sie antwortete wieder mit nein, weil sie Angst bekommen hatte. *„Keine Angst, ich streichle*

dich nur. Wirst sehen, dass es sehr angenehm ist!" sagte er dann. Also hat sie es getan, sie zog die Unterhose aus und hat sich, mit den Rücken zu ihm, auf seinen Schoss gesetzt. Er lehnte es von unten an ihrem Intimbereich und fing an sie zu streicheln. Sie meinte, dass es sich zwar komisch anfühlen würde aber nicht unangenehm. Gleichzeitig wusste sie, dass da was nicht stimmen kann. Sie war durcheinander. Plötzlich sah sie wie was weißes aus ihm raus spritzt.

„Was war das?" fragte sie ihm. Und er antwortete *„Du hast mich beim entspannen geholfen, das war sehr gut. Wenn du magst, kannst du morgen wieder kommen!"*

Sie ging dann nach Hause ohne zu wissen, was sie davon halten soll und trotzdem neugierig, ob das schon alles war. Es vergingen dann ein Paar Wochen ohne von ihm zu hören. So vergaß sie es.

Knapp ein Monat später, tauchte er wieder auf und tat so, als ob nie was gewesen wäre. Er war auf ein Bier vorbei gekommen. Ein Moment bevor er ging drehte er sich zu ihr und sagte *„Ich bin morgen wieder in meinem Hof. Wenn du magst, kannst du zum Spielen vorbeikommen!"*, woraufhin sie mit einem einfachen *„ok"* reagierte. Sofort kam die Erinnerung an das bis dahin geschehene zurück. Sie rang wieder mit ihrem Gewissen, aber die kindliche Neugier hat wieder gewonnen. Sie ging hin. Wie jedes mal, fing alles ganz unschuldig an. Sie hat ihm geholfen ein paar Gurken zu ernten, hat ihr die unterschiedlichen Wachstumsphasen der Tomaten und der Gurken gezeigt und gab ihr was zu trinken. Dann fragte er sie *„Magst du mir wieder beim entspannen helfen?"* und versprach ihr eine Belohnung dafür. Schon hatte er sie wieder an der Hand. Ihre kindlicher Neugier brachte sie wieder dazu zuzustimmen. Er hat dann wieder die Hose aufgemacht und holte es raus. Es sah irgendwie verschrumpelt aus, wahrscheinlich dem Alter entsprechend. Er war bestimmt schon um die 50 Jahre alt. Wieder fing er an sich einer runter zu holen, sowie sei es schon gesehen hatte. Sie konnte nichts anders als hinzuschauen und zu beobachten wie es größer wurde. Er frage sie, ob sie denn wieder helfen wollte, woraufhin sich ein Gefühl der Angst und der Neugier in ihr vermischte. „ - erzählte Mike.

„Mike, was willst du damit erreichen?! Diese Geschichte ist einfach nur eklig." - sagte Stefan.

„Ja, ich weiß, es geht nicht nur darum, dass ich der Frau entfliehen konnte. Mir geht es auch noch um was anderes. Dafür musst du mir aber bis zum Ende zuhören. - sagte Mike.

„Ich hoffe für dich, dass es um was wichtiges geht. Allerdings habe ich heute keine Zeit mehr Mike. Ich habe gleich eine Verabredung. Wir können uns ja die Tage nochmal zusammen setzten" - sagte Stefan.

„In Ordnung Stefan. Bis Bald." - verabschiedete sich Mike.

„Bis Bald." - antwortete Stefan.

Später am Abend, genau um 20 Uhr, klingelte Johanna an Stefan´s Tür.

Er öffnete ihr die selbigen.

„Guten Abend, Johanna." - sagte Stefan.

„Guten Abend Stefan." - antwortete Johanna.

Im gleichen Moment zog er sie zu sich, schaute ihr kurz in die Augen, während er sie mit den Armen umschloss. Er zögerte kurz, zog sie noch näher an sich ran und küsste sie. Dann ließ er sie ganz schnell wieder los, so dass sie kurz ins Wanken kam und bat sie rein.

„Das essen ist fertig." - sagte Stefan noch.

„Oh super, ich bringe viel Hunger mit." - sagte sie mit einem lächeln, immer noch benommen vom überraschenden Kuss.

„Freut mich." - sagte Stefan und streichelte ihr über das Gesicht.

Johanna war völlig verwirrt. Sie konnte sich sein Verhalten absolut nicht erklären. Warum hatte er sie so plötzlich geküsst? Was wollte er damit erreichen?

Stefan hat sie zur Tisch begleitet. Er hatte ein Knoblauch-Thymian-Risotto mit kross gebratenen Mandeln und Brotstückchen gekocht. In der Mitte des Tisches hatte er eine schöne Keramikvase mit Sonnenblumen hingestellt. Auf dem Läufer auf welchen diese stand, hatte er dann noch auf jeder Seite drei weiße Kerzen hingestellt. Alles in allem, hatte er den Tisch schön dekoriert. Nun ja zumindest dafür, dass es von einem Mann dekoriert worden war, dachte sich Johanna.

Sie hatten sich hingesetzt und fingen an das Essen zu genießen.

„Also Anni, ich darf dich doch so nennen oder?" - fragte Stefan.

„Spricht nichts dagegen." - antwortete sie.

„Ok, also Anni, fangen wir an. Deine zuverlässige und strukturierte Arbeitsweise spricht für sich. Du bist offen gegenüber Vorschlägen der Schüler. Im Laufe der letzten Monate, hast du dich sehr für die Schule engagiert. Du gehst selbstbewusst und freundlich mit ihnen um. Du konntest einen Konflikt im Keim ersticken ohne Große Mühe. Ich konnte mich ebenso von deinen didaktischen Qualitäten überzeugen. Du hast eine ganze Menge während deines Studiums gelernt. Verstehe mich nicht falsch. Ich bin der Meinung, dass du noch nicht komplett ausgebildet bist, allerdings bin ich davon überzeugt, dass du es allein schaffen wirst. Learning by Doing" - sagte Stefan.

„Vielen Dank, Stefan. Ich glaube allerdings nicht, dass ich schon so weit bin. Ich habe bisher doch erst zwei Unterrichtsstunden selbst gestaltet! - antwortete Johanna.

„Ich weiß, ich habe dich ja nicht nur während der zwei Stunden beobachtet. Ich bin der Meinung, dass du sehr wohl schon so weit bist. Ich werde Morgen mit dem Rektor der Schule sprechen, damit du eine eigene Klasse bekommst. Mach dir keine Sorgen, es wird nicht von einem auf den anderen Tag gehen. Am Anfang wirst du Vertretungsstunden übernehmen. Du bekommst dann jeweils genaue Anweisungen von den Lehrern, was du mit den Schülern machen sollst." - sagte Stefan.

„Dann bleibt mir nichts anderes übrig, als das so zu akzeptieren und mein Bestes zu geben." - antwortete Johanna.

„Ich habe nichts anderes von dir erwartet Johanna, das schaffst du schon. Ähhh, was anderes, du bist nicht Schwanger oder?" - fragte Stefan.

„Ich weiß gar nicht, wie du darauf kommst, Stefan." - sagte Johanna.

„Wir leben in einen kleinen Dorf Anni. Da wird viel erzählt. Wie eben z.B, dass du in der Apotheke ein Schwangerschaftstest gekauft hast." - sagte Stefan.

„Ach so. Nein Stefan, keine Sorge. Der Test war nicht für mich." - sagte Johanna.

„Ok, dann bin ich beruhigt...doppelt beruhigt." - sagte Stefan.

„Wieso?" - fragte Johanna.

„Na ja, mein Gewissen ist dann gegenüber des Rektors um einiges leichter, wenn ich ihm nicht verschweigen muss, dass du schwanger bist." - sagte er mit einem Lächeln.

„Verständlich." - antwortete sie.

„Ich hoffe, dass ich dich nicht enttäusche. Es ist schon spät Stefan, ich sollte nach Hause. Morgen müssen wir wieder früh aufstehen." - sagte Johanna.

„Warte Johanna, ich wollte noch etwas anderes mit dir besprechen." - sagte Stefan.

„Was denn?" - fragte Johanna.

Es ist bald wieder Zeit für unseren jährlichen Schulausflug und du wirst ihn organisieren. Wurde so vom Rektor beschlossen. Er hat mich darum gebeten, es dir zu sagen. Wichtig ist nur, dass die sechs Klassen nicht an einem Tag unterwegs sind. Somit müsstest du zweit Tage organisieren. Ziel ist das Münchner Zoo, um genauer zu sein, soll es um die Riesenschildkröten gehen. Soweit wir wissen, haben die Betreiber dort ein paar Exemplare der Seychellen-Riesenschildkröten. Wir sind uns sicher, dass das ein unvergesslicher Tag wird für die Kinder. Am besten, wäre es, wenn du ein Pfleger organisieren könntest, der den Kindern alles erzählen könnte.

Um alles andere musst du dich kümmern." - forderte Stefan.

„Ok, wie lange habe ich dafür Zeit?" - fragte Johanna.

„Zwei Wochen." - antwortete Stefan.

„Gut, dann kümmere ich mich darum. Bis Morgen Stefan." - sagte Johanna.

„Bis Morgen Johanna." - sagte Stefan und streichelte ihr samt durch das Haar.

Bevor er sie wieder küssen konnte, war Johanna wie von der Tarantel gebissen, zu ihr nach Hause gelaufen, schlug die Tür hinter sich zu und lehnte sich gegen derselbigen.

Was hatte das zu bedeuten? Wieso wollte er ihr die Bewertung unbedingt bei ihm zu Hause geben und was sollte das mit dem Kuss und mit dem streicheln. Echt unglaublich der Typ, dachte sie sich.

Am nächsten Morgen regte sie sich immer noch darüber auf. Der kann mich doch nicht einfach so küssen und so tun als ob nichts gewesen wäre, dachte sie sich immer und immer wieder.

Als sie in der Schule ankam, wartete Frau Becker schon auf sie.

„Johanna, liebes, gut dass ich dich noch sehe. Wie du ja weißt, ist die Abschiedsfeier morgen.

Wäre es möglich, dass du mir beim Aufbau hilfst? Ich bin einfach noch nicht dazu gekommen alles fertig zu machen. Irgendwie ist kurz vor meine Rente, echt noch viel zu tun.?" - fragte Frau Becker.

„Gerne, wann soll ich da sein.?" - antwortete Johanna.

„Das ist lieb von dir. So um acht? Dann hätten wir noch Zeit kurz nach Hause zu gehen um uns noch schön zu machen!" - fragte Frau Becker.

„Wunderbar. Dann sehen wir uns morgen um acht." - verabschiedete sich Johanna.

Johanna verbrachte den Tag auf der Suche nach einer Firma die so kurzfristig noch Busse anbieten konnte für den bevorstehende Schulausflug. Dies allerdings ohne wirklichen Erfolg. So zweifelte sie am Abend, dass sie die Organisation innerhalb der nächsten zwei Wochen schaffen würde. Das einzige was sie noch aufmunterte war, dass ihre Mutter und Thess zum Essen vorbei kommen wollten.

So ging sie voller Vorfreude nach Hause. Kaum hatte sie nach eine schnellen Dusche angefangen zu kochen, klingelte es schon an der Tür. Ihre Mutter traf bei ihr pünktlich ein.

„Prinzessin, wie schön dich zu sehen." - sagte ihre Mutter.

„Mum, ich freue mich auch dich zu sehen. Komm erst mal rein. Wie geht es dir?" - sagte Johanna.

„Gut Kleines. Außer dass ich dich sehr vermisse in meiner direkten Umgebung." - sagte ihre Mutter.

„Aber Mum, du bist sowieso regelmäßig unterwegs." - entgegnete Johanna.

„Ja stimmt. Ich muss aber langsam zugeben, dass auch ich älter werde und nicht mehr so viel schaffe wie früher." - sagte ihre Mutter.

„So alt bist du noch nicht, Mum. Ich freue mich, dass du mehr Zeit für dich hast. Vielleicht findest du auch eine neue Liebe..."- sagte Johanna.

„Ach Prinzessin, dafür bin ich definitiv schon zu alt." - sagte ihre Mutter und lachte dabei.

„Wenn du das sagst." - sagte Johanna.

„Aber jetzt mal was anderes. Erzähl mir mal, wie es in der Schule läuft und hast du dich mit deinem Nachbarn angefreundet?" - fragte ihre Mutter.

„Eine Frage nach der anderen Mum." - sagte Johanna. Sie erzählte ihr, dass sie schon ihre ersten eigenen Unterrichtsstunden halten durfte und dass sie, in Absprache mit den jeweiligen Lehrer, ab jetzt Vertretungsstunden geben sollte. Sie versuchte das Thema Nachbar bewusst zu vermeiden und lenkte ihre Mutter auf ein anderes Thema.

„Thess kommt vielleicht heute Abend auch vorbei. Sprich sie bitte nicht auf ihren Bauch an." - sagte Johanna.

„Ist sie Schwanger?" - fragte ihre Mutter.

„Ja, aber sie hat sich noch nicht entschieden, ob sie das Kind bekommt." - antwortete Johanna.

„Ich frage lieber nicht nach, warum sie sich darüber überhaupt Gedanken macht." - sagte ihre Mutter.

„Es ist derzeit, glaube ich, besser so. Das Essen ist gleich fertig." - sagte Johanna.

Es klingelte und Johanna ging zur Tür.

„Thess, du hast es geschafft." - sagte Johanna.

„Ich hatte ja versprochen, dass ich es versuchen werde. Habt ihr schon gegessen?" - fragte Theresa.

„Nein, noch nicht." - antwortete Johanna.

„Gut, ich bin am verhungern." - sagte Theresa.

Die beiden gingen Richtung Küche, wo Johanna´s Mutter gewartet hatte.

„Guten Abend Frau Claassen." - sagte Theresa.

„Guten Abend Thess. Wie geht es dir?" - fragte Johanna´s Mutter.

„Gut, geht es mir. Vielen Dank. Und Ihnen?" - fragte Theresa.

„Auch gut, danke. Wir waren gerade dabei, den Tisch zu decken. Du isst doch mit, oder?" - fragte Johanna´s Mutter.

„Ja, habe eben schon zu Anni gesagt, dass ich am verhungern bin." - sagte Theresa.

Die drei verbrachten dann ein lustigen Abend miteinander. Wie schon so häufig, ging Johannas Mutter irgendwann nach Hause und Theresa machte es sich auf auf Johannas Sofa gemütlich.

„Thess, ich hoffe du bist mir nicht böse, dass ich jetzt schon ins Bett gehe. Ich muss aber morgen um acht in der Schule sein, wegen der Abschiedsfeier einer Kollegin." - sagte Johanna.

„Nein, natürlich nicht. Mach dir keine Gedanken. Geh ruhig ins Bett. Ich kenne mich ja aus." - sagte Theresa.

„In Ordnung. Gute Nacht Thess." - sagte Johanna.

„Gute Nacht Anni." - sagte Theresa.

Theresa war schnell eingeschlafen. Sie hatte ein paar sehr anstrengenden Tage hinter sich.

Wie so häufig in letzter Zeit, hatte sie wieder ein Albtraum.

Ihr wurde wieder Kalt, alles wurde dunkel und dann sah sie sich wieder als kleines Kind. Sie hatte seinen Glied in der Hand. Ihr ist aufgefallen, dass ihre kleine Hände seinen Glied nicht mal umschließen konnten. Die Stimme war wieder zu hören. „Lauf Theresa, lauf. Bleib nicht stehen.". Wieso? Was will mir diese Stimme sagen. Der Freund ihrer Eltern war zu sehen und sagte ihr sie soll ihre Unterhose ausziehen und sich auf das Bett legen mit den Bauch nach unten. Er wollte ihr zeigen wie das Spiel Spaß machen kann. Sie bekam Angst. Im Traum sah sie sich halb nackt, auf dem Bett liegend und sie sah, dass sie plötzlich ganz genau wusste, was er wollte. Das wollte sie aber nicht. Sie hatte Angst, dass er ihr weh tun würde, weil sein Glied so groß war in ihren kindlichen Augen. „Steh auf Theresa. Lauf, lauf, lauf..." sagte die Stimme.

Er sagte „*Mach dir keine Sorgen, ich verspreche dir, dass ich dir nicht weh tun werde. Ich stecke auch nur soviel rein.*". Er zeigte ihr mit den Fingern, dass er nur ca. 3 cm rein tun wolle. Sie hat es geglaubt, immerhin sagten ihre Eltern ja, dass er ein Freund sei. Also legte sie sich wieder auf das Bett und wartete ab. Ihr Herz pochte vor Nervosität. „*Mach die Beine auf, sonst komme ich nicht hin. Genies erst mal*".

Theresa ist schreiend aufgewacht. Sie konnte sich kein Reim aus diesen immer wieder kehrenden Träume machen. Es war für Sie unverständlich, warum gerade dieser Kerl in ihren Träume auftauchte, sie hatte kaum Erinnerungen an ihm. Er ist irgendwann aus Ihren Leben verschwunden.

Ihre Eltern hatten sich dann zwischendurch gewundert, dass er nicht mehr aufgetaucht ist, haben es aber mit der Zeit einfach hingenommen. Sie schlief dann nach einiger Zeit wieder ein.

Am nächsten Morgen haben Johanna und Theresa zusammen gefrühstückt und beide gingen dann in die Arbeit.

„Guten Morgen Frau Becker." - sagte Johanna.

„Guten Morgen liebes. Vielen Dank nochmal, dass du mir hilfst." - sagte Frau Becker.

„Mache ich doch gerne." - antwortete Johanna.

Die beiden fingen an die Tische an einen der Wände zu stellen um auf diese, Getränke und Essen abstellen zu können. Frau Becker hatte eine orange-schwarze Tischdecke mitgebracht, mit der sie versuchte die unschönen Stellen des Tisches zu verdecken. Komplett ging es nicht, aber zumindest sah es lebendiger aus. Während dann Frau Becker schon mal das Essen hinein holte, musste Johanna ein paar duzen Luftballons in den unterschiedlichsten Farben aufblasen. Das nahm einige Zeit in

Anspruch. Johanna dachte sich, dass sie dringend mal wieder Sport machen müsste.

Frau Becker hatte sich neben Johanna hingesetzt und sagte:

„Schon lustig, wie schnell die Zeit vergangen ist. Es kommt mir so vor, als ob ich erst gestern hier angefangen hätte." - sagte Frau Becker.

„Wie lange haben Sie denn hier gearbeitet?" - fragte Johanna.

„Als ich hier angefangen habe, war sie schon da!" - sagte plötzlich Herr Konrad, der Mathematiklehrer, der hinter Johanna stand.

„Ah Peter! Vielen Dank, dass du gekommen bist. Johanna, ich hoffe du hast nichts dagegen. Ich habe Peter darum gebeten uns zu helfen die Banner aufzuhängen." - sagte Frau Becker.

„Nein, natürlich nicht. Dann sind Sie auch schon lange Lehrer oder?" - fragte Johanna.

„Ja, schon 20 Jahre. Aber ich wollte sie nicht unterbrechen. Julia wollte Ihnen sicher gerade erzählen, wie lange sie hier gearbeitet hat." - sagte Herr Konrad.

„Nun ja, ich glaube insgesamt 45 Jahre. Ich hatte damals gegen aller Vorstellungen meine Eltern diesen Weg eingeschlagen. Damals hat man in der Regel das getan, was die Eltern von einem verlangt haben. Nun ja fast jeder! Ich wollte schon immer Lehrerin werden. Ich kann mich noch daran erinnern, wie ich als Kind mit meinen Freundinnen gespielt habe und immer die Lehrerin spielen durfte. Das hat mich bis ins junge Erwachsenenalter verfolgt, bis ich letztendlich den Entschluss getroffen habe das kindliche Spiel in Realität zu verwandeln. Ich musste lange gegen meine Eltern ankämpfen und meinem späteren Ehemann hat es auch nicht ganz gepasst, dass ich gearbeitet habe. Aber auch er, hat es nicht geschafft, dass ich mit dem Beruf aufhöre." - erzählte Frau Becker.

Herr Konrad war schon auf die Staffelei gestiegen und fing an ein paar Banner mit einigen Aufschriften wie zum Beispiel "Abschiedsfeier" oder auch „Viel Glück für den neuen Lebensabschnitt" aufzuhängen.

„Haben Sie niemals die Freude an dem Beruf verloren?" - fragte Johanna.

„Wenn ich sagen würde, dass es immer nur Spaß gemacht hat, würde ich lügen. Man darf nicht vergessen, dass der Beruf nicht nur aus den Unterrichten an sich besteht, sondern dass man eben auch außerhalb der Schule sehr viel vorbereiten muss. Man hat wenig Zeit für privates, angefangen bei der Unterrichtsvorbereitung bis hin zum korrigieren der Klassenarbeiten. Das kann schon sehr stressig sein. Der Beruf kann auch sehr deprimierend sein. Vor allem, wenn man eine Klasse mit Schülern erwischt die gerne provozieren und die sich nichts sagen lassen. Dennoch habe ich meinen Entschluss nie bereut." - sagte Frau Becker.

„Ich hoffe, dass ich eine solche Klasse nie bekommen werde." - sagte Johanna.

„Das werden Sie sicherlich liebes. Und darauf müssen Sie vorbereitet sein. Halten Sie sich immer vor Augen, dass Sie sich bewusst für diesen Beruf entschieden haben. Erinnern Sie sich dann daran, was Ihr Ziel war, als Sie hier angefangen haben und sie werden es gut durchstehen." - sagte Frau Becker.

„Da hat Julia recht. Es ist natürlich schön, wenn man eine ruhige, interessierte Klasse hat, aber das werden in den letzten Jahren immer weniger." - sagte Herr Konrad.

Herr Konrad hatte nun alle Banner aufgehangen und fing an Johanna beim aufblasen der Luftballons zu helfen.

„Ich bin da guter Dinge. Ich glaube, ich habe den für mich richtigen Beruf ausgesucht." - sagte Johanna voller Überzeugung.

„Freut mich zu hören. So und nun gehen wir Heim. Einmal Umziehen. In zweieinhalb Stunden müssen wir schon wieder hier sein." - sagte Herr Konrad.

„In Ordnung. Bis später." - sagten beiden Frauen und gingen gemeinsam nach draußen.

„Liebes, eins noch. Pass mit deinem Herzen auf." - sagte Frau Becker.

„Mit meinem Herzen? Wieso das?" - fragte Johanna.

„Ich möchte mich nicht ein mischen, aber man muss Sie und Herrn Meyer nur anschauen und man weiß Bescheid. Sie müssen jetzt auch nichts sagen. Ich wollte Sie nur darum bitten, auf sich aufzupassen." - sagte Frau Becker.

„Versprochen." - sagte Johanna.

Einmal zu Hause, stellte sich Johanna, nach einer ausgiebigen Dusche, vor ihr neues Kleid. Sie hatte es nur für diesen Anlass gekauft. Sie hoffte, dass es nicht zu gewagt war.

Das rote knielange Kleid war zwar vorne hochgeschlossen, zeigte aber den halben Rücken. Dazu schwarze offene Schuhe und hochgestecktes Haar. Als Make Up hatte sie nur Mascara und einen leicht rosafarbenen Lippenstift.

Plötzlich klingelte es an der Tür.

„Stefan!? Habe ich was vergessen?" - fragte Johanna.

„Wow. Du siehst einfach atemberaubend aus." - sagte Stefan." Vergessen, nein. Du hast nichts vergessen. Ich habe mir nur gedacht, dass wir als Nachbarn ja zusammen zur Feier gehen können."

„Da...Da...Danke." - stotterte Johanna.

„Darf ich dich küssen?" - fragte Stefan.

„Du fragst auf ein mal?" - erwiderte Johanna.

„Stimmt!" - antwortete Stefan, holte sie mit einem Schwung näher an sich und küsste sie und küsste sie, fordernd, leidenschaftlich. In jedem Kuss die versteckte Frage, ob er weiter gehen darf.

Und dann, ließ er sie los und sagte trocken:" ich glaube, du musst deinen Lippenstift nachziehen."

Johanna war wie in Trance ins Bad gegangen, hatte sich den Lippenstift nachgezogen und ging wieder zurück ins Wohnzimmer.

„Wir können los." - sagte sie.

„Freut mich. Es wird sicherlich ein schöner Abend." - antwortete Stefan.

Als die beiden ankamen, war die Feier schon in vollem Gang.

„Ihr seid zu Spät." - sagte Frau Becker.

„Es tut mir leid, ich wurde etwas abgelenkt." - antwortete Stefan.

„Macht ja nichts, Hauptsache ihr seid jetzt da." - sagte Frau Becker.

Als Johanna sich gerade einen Wein geholt hatte, hörte sie Herr Konrad:

„Liebe Kollegen und Kolleginnen. Es tut mir sehr leid, dass ich euch unterbrechen muss. Mir wurde die ehrenvolle Aufgabe zuteil, eine kleine Rede zu halten. Ich hatte nicht viel Zeit diese vorzubereiten, deswegen bitte ich um Nachsicht. Liebe Julia, als ich damals hier angefangen habe, wurdest du mir als mein Vertrauenslehrer zur Seite gestellt. Du hast mir geholfen mit meinen damaligen Unsicherheiten fertig zu werden. Ich bin mir sicher, dass ich durch dich, zu einem viel besseren Lehrer werden konnte. Es war mir immer eine Freunde dich beim lehren zu beobachten und dein unendlicher Elan war beneidenswert. Ich gebe zu, dass ich mich damals extra dumm gestellt habe, um noch mehr Zeit mit dir verbringen zu können. Aber du hast mich abblitzen lassen, wahrscheinlich weil ich damals schon ein kleines Bäuchlein hatte. Nein im Ernst, das hätte mich fast mein Job gekostet und sie blieb einfach nur meine Vertrauenslehrerin. Irgendwann habe auch ich die Liebe meines Lebens getroffen, sodass ich dich endlich als gute Freundin gewinnen konnte. Was ich damit sagen will, ist, dass du nicht nur mir, sondern uns allen extrem fehlen wirst. Die Schule wird sich ohne dich verändern. Wir wünschen dir für deinen neuen Lebensabschnitt alles alles Gute und falls es dir doch mal langweilig werden sollte, kannst du liebend gerne zur Besuch kommen.

Du bist nicht nur als Lehrerin ein Vorbild, sondern auch als Mensch. Auf Julia Becker!!!"

Alle hoben die Gläser und sagten im Chor „Auf Julia Becker!!!!"

Alle applaudierten und Frau Becker hatte Tränen in den Augen vor Rührung. Sie verbrachten den Rest des Abends damit sich gegenseitig Geschichten mit und über Frau Becker zu erzählen. Sie lachten und tanzten bis spät in die Nacht.

Am nächsten Tag trafen sich die beiden Freunde Mike und Stefan nochmal. Stefan hatte kein Sinn an Mike's Geschichte finden können. Aber offensichtlich war ihm das sehr wichtig. Daher hatte er sich dazu bereit erklärt, sich auch noch den Rest anzuhören.

„Hi Mike, da bin ich. Alles klar bei dir?" - fragte Stefan.

„Hi Stefan. Ja alles klar. Und bei dir?" - erwiderte Mike.

„Auch alles in Ordnung. Sehr viel zu tun in der Arbeit, wie immer, eben." - antwortete Stefan.

„Ja das kenne ich." - sagte Mike mit einem Lächeln.

„Erzähl mal, worum geht es dir letztendlich?" - fragte Stefan neugierig.

„Ich muss dir den Rest der Geschichte erzählen, damit du es verstehen kannst, wie ich dir schon gesagt hatte." - sagte Mike.

„Kann es zwar nicht nachvollziehen, aber gut, du hast mich Neugierig gemacht." - antwortete Stefan.

„Ok, in Ordnung. Ich hatte dir ja telefonisch schon ein wenig mehr erzählt, als bei unserem Treffen. Ich setzte da einfach an." - sagte Mike, fuhr sich mit der Hand durch seinen blonden Haaren und legte los.

„Genies erst mal". Dann fing er an sie zu massieren, zuerst mit den Fingern. Für sie fühlte es sich immer noch unbekannt an, aber nicht schlecht. Dann plötzlich merkte sie, dass es keine Finger mehr

waren. Das fühlte sich für sie auch nicht schlecht an. Er ging dann wieder runter und streichelte an ihr herum. Er ging dann wieder hoch und dann nochmal runter. Es hat wohl kein Eindringen stattgefunden, so genau konnte sie das nicht sagen. Dann ist er aufgestanden und meinte er wäre fertig... Kannst du dir das vorstellen Stefan? Einerseits kann die sich so genau an alle Einzelheiten erinnern und dann konnte sie an der Stelle nicht mehr sagen, ob ein Eindringen stattgefunden hat oder nicht." - fragte Mike.

„Ich weiß ehrlich gesagt nicht, was ich dir dazu sagen soll. Es widerstrebt mir, dir bei der Geschichte weiter zuzuhören. Ich tue es mir nur an, weil du es bist." - sagte Stefan.

„Ist mir absolut klar. Dafür schon jetzt tausend Dank. Ich muss es aber zu Ende erzählen, in allen Einzelheiten, so wie sie es mir erzählt hat." - sagte Mike.

„Ok, mach weiter." - forderte Stefan ihn auf.

„Du kannst nach Hause, ich bin morgen wieder hier, wenn du magst! Sag deinen Eltern nichts, sonst lassen sie dich nicht mehr hierher kommen." Es ging dann ein paar Wochen so. Er hatte sie soweit im Griff, dass sie sich schon von sich aus auf den Bett gelegt hat, auf den Bauch, und gesagt hat sie sei müde, Er hat dann ein wenig abgewartet, ihr die Höschen zur Seite gehalten und angefangen sich an ihr zu vergehen. Es hatte angefangen ihr zu gefallen, es war für sie eine anderer Art der Anerkennung. Er sagte ihr dann immer wie toll sie das gemacht hätte und gab ihr das Gefühl was besonderes zu sein. Obwohl sie die ganze Zeit wusste, dass da irgendetwas nicht korrekt ist, hat sie es verdrängt und ging immer wieder zu ihm. Ob er im Laufe der Zeit mal komplett in ihr eingedrungen ist konnte sie nicht sagen. Eines Tages ist sie umgezogen und sie sah ihn nie wieder! Wenn du aber der Meinung bist, die Geschichte ist hier zu Ende, da täuscht du dich." - sagte Mike.

„Was kann da bitte noch kommen?" - fragte Stefan.

„Ich erzähle es dir. Also sie ging zur Schule und hatte es geschafft das Geschehene komplett zu verdrängen. Sie hat nicht mehr daran gedacht und spielte sorglos, wie ein normales Kind. Die Tage und Wochen vergingen und ca. ein Jahr war vergangen. Ihr Weg nach Hause führte durch einen Wald wo keiner reinschauen konnte. Sie musste diesen Weg sehr häufig alleine machen, weil ihre Schulfreunde, davor abgebogen sind. Eines Tages, auf diesem besagten Weg, merkte sie, dass sie verfolgt wird. Also rannte sie. Sie hatte Angst bekommen. Sie rannte bis sie zu hause war und machte die Tür ganz schnell hinter sich zu. Ein paar Tage später, hatte sie wieder das gleiche Gefühl, also fing sie wieder an zu laufen. Plötzlich hörte sie eine stimme hinter sich.

„Warte!"

Sie blieb stehen. Ein Mann, ca. 45-50 Jahre alt, blieb vor ihr stehen.

„Ich habe dich schon im Kaffee gesehen. Du bist so wunderschön...!" sagte er.

„Danke! - antwortete sie zögerlich.

Ich sage doch nur die Wahrheit. Ich würde gerne mehr von dir sehen." - sagte er.

„Was denn?"- fragte sie.

„Na...dich. Dein Körper, deine Muschi...!" - sagte er.

„Was?! Lassen Sie mich in Ruhe, ich schreie gleich." - antwortete sie ängstlich.

„Dich hört doch hier keiner. Ich belohne dich auch dafür..." - sagte er.

Und schon fühlte sie sich wie früher, vor einem Jahr, beim anderen Mann. Er hatte ihr das selber gesagt.

„Was soll ich machen?!" - fragte sie.

„Leg dich auf den Boden, vor diesem Baum und zeige mir deine Muschi." - forderte er.

Sie tat es. Er kniete sich vor ihr nieder und schaute sie an. Er fasste sie mit zwei Fingern an. Von oben nach unten, vorsichtig an den Loch und wieder von oben nach unten.

„Du bist leider zu jung, das sieht man. Du bist noch nicht soweit...Hier...deine Belohnung. Zieh dich an und geh nach Hause." - sagte er und dann verschwand er.

Sie war dann enttäuscht, dass er nicht weiter gemacht hat und das hat sie erschreckt. So schnell wie sie sich erschrocken hatte, so schnell hatte sie es wieder vergessen.

Kurz darauf lernte sie ihre beste Freundin kennen, Anni. Im Laufe der Zeit verdrängte sie das Geschehene so gut, dass sie selbst dachte sie sei noch Jungfrau. Und ich hielt es am Anfang für eine Masche...Ihre Freundin hat nie was davon erfahren." - erzählte Mike. „Stefan, sie wurde als Kind von gleich zwei Männer missbraucht, auf unterschiedliche Weise. Einer der beiden hat am Ende doch ein wenig Herz gezeigt, aber auch er ist zu weit gegangen. Ihre kleine Seele wurde für immer geprägt, weil sie an solchen Arschlöcher geraten ist..."

„Ich muss es erst mal verdauen. Das ist eine krasse Geschichte gewesen." - sagte Stefan.

„Ich weiß, als Thess mir das im betrunkenen Zustand, erzählt hat, war ich ganz schnell wieder nüchtern." - sagte Mike.

„Hast du mit ihr geschlafen?! - fragte Stefan.

„Sie tat mir so leid, Stefan. Sie weckte in mir den Beschützer Instinkt. Ich hatte das Gefühl, mich um sie kümmern zu müssen...Ja, es ist passiert." - sagte Mike. „Das was mich erschreckt hat, war, dass sie am nächsten Tag, behauptet hat ich hätte sie entjungfert. Sie wusste nicht mehr, dass sie es mir erzählt hat. Ich habe es dann versucht zu ignorieren, aber es ging nicht. Danach hat sich schon mein Warnsystem gemeldet. Du weißt was ich meine. Die Notbremse, bevor es zu eng wird".

„Und hättest du mir das nicht gleich sagen können, ohne mir das Ganze zu erzählen?!" - fragte Stefan.

„Eben nicht. Ich hatte doch erwähnt, dass es um mehr geht, als um eine Frau. Ich möchte was für den Schutz der Kinder machen. Angefangen bei der Aufklärung bis hin zur Seelsorge, falls es doch zum Kindesmissbrauch kommt!" - sagte Mike.

„Ok verstehe. Hast du dir schon Gedanken dazu gemacht?! - fragte Stefan.

„Ein wenig, dennoch brauche ich deine Hilfe. Du hast jeden Tag mit Kinder zu tun und weißt demnach viel besser als ich Bescheid, wie man am Besten mit denen umgeht." - erwiderte Mike.

„Nun, das stimmt, aber da muss ich mir noch ein paar Gedanken dazu machen. Gib mir bitte ein paar Tage Zeit ein paar Ideen zu finden und evtl. auch Leute die uns helfen könnten." - sagte Stefan.

„Selbstverständlich, wir sprechen uns dann nochmal. Ich muss weiter. Danke dir für's zuhören." - sagte Mike.

„Ja, bis bald Mike. Hat mich gefreut, dich zu sehen." - verabschiedete sich Stefan.

„Mich auch." - sagte Mike und ging.

Stefan ging dann nach Hause um das erzählte zu verarbeiten und um sich dazu ein Paar Gedanken zu machen. Er wollte seinem Freund unbedingt helfen.

Am nächsten Montag war Johanna gerade in der Schule angekommen, als sie sah wie sich Stefan und Tatjana, die Sportlehrerin, umarmten und Richtung Lehrerzimmer gingen. Sofort dachte sie, dass sie wohl die Anzeichen der letzten Wochen missdeutet hatte. Da waren seinerseits keine Hintergedanken vorhanden, oder?!

Sie schüttelte den Kopf und machte sich daran den Schulausflug zu planen.

Mit Sabines Hilfe konnte sie zwei Busse für zwei aufeinander folgende Tage anmieten. Sie musste die Kosten im Auge behalten, weil sich die meisten Eltern nicht zu viel leisten konnten. Dann machten sie eine Kalkulation fertig, die sie dann beim Rektor vorlegen müsste. Danach machte sie die Schreiben an den Eltern fertig, da gesetzlich deren Erlaubnis Pflicht war.

Plötzlich klingelte ihr Handy.

„Anni, ich bin es, Thess." - sagte Theresa.

„Hi Thess, wie war dein Termin beim Arzt?" - fragte Johanna.

„Jetzt ist es offiziell, der Arzt hat es auch nochmal bestätigt. Ich bin Schwanger! Anni, ich bin

Schwanger! Wie soll ich das schaffen? Meine Gedanken sind ein reines Chaos." - sagte Theresa.

„Bleib ruhig, Thess. Wenigstens weißt du jetzt Bescheid." - erwiderte Johanna.

„Anni, hast du gehört was ich gesagt habe?! Ich bin Schwanger." - sagte Theresa.

„Ja, ich habe es gehört. Ich glaube, es ist besser, wenn wir uns heute Abend treffen. Magst du zu mir kommen? So um 19 Uhr?" - fragte Johanna.

„Ok, Anni, bis später." - verabschiedete sich Theresa.

Johanna wusste nicht, wie sie Theresa helfen konnte. In solch einer Situation war sie noch nie gewesen.

Helfen würde sie ihr auf jeden Fall, es handelte sich immerhin um Ihre beste Freundin.

Am Abend war Theresa dann, wie ausgemacht, bei Johanna in der Wohnung.

„Hallo Anni." - sagte Theresa.

„Hi, komm rein." - antwortete Johanna. „Erzähle mir nochmal in Ruhe wie es beim Arzt war."

„Nun ich habe ihm von dem positiven Test erzählt und dass ich 100%-ige Gewissheit haben möchte. Er hat dann eine Ultraschall Untersuchung gemacht und das Ergebnis ist eben, dass ich Schwanger bin. Als er dann meine Reaktion gesehen hat, wusste er, dass ich nicht unbedingt froh darüber bin und hat mir dann eröffnet, dass es auch die Möglichkeit gibt, abzutreiben." - erzählte Theresa.

„Abtreibung?! Das ist doch nicht dein Ernst! Hast du schon mit Mike gesprochen?! - fragte Johanna.

„Wie denn? Seitdem er mir erzählt hat, dass er eine Freundin hat, habe ich kein Kontakt mehr zu ihm. Also obliegt mir die Entscheidung alleine." - sagte Theresa. „Es ist verständlich, dass du seitdem nicht mit ihm sprechen willst, dennoch, kannst du so eine Entscheidung nicht alleine treffen. Er ist immerhin der Vater deines Kindes. Und Abtreibung? Überlege dir das gut! Das wirst du dir später nicht verzeihen können. Es gibt so viele Frauen, die vergeblich versuchen, Jahrelang, Kinder zu kriegen." - sagte Johanna.

„Es ist mir aber gerade nur im Weg! Derzeit hat es kein Platz in meinem Leben. Wie du weißt, muss ich in drei Monate eine neue Stelle annehmen, die mit viel Verantwortung verbunden und sehr Zeitraubend ist. Ich habe keine Zeit für ein Kind! Und außerdem, bin ich viel zu jung dafür!" - sagte Theresa.

„Thess, ich habe dir beim letzten Mal schon gesagt, dass ich dir helfen werde, soweit es mein Beruf zulässt. Außerdem musst du dich mit Mike darüber unterhalten, Freundin hin oder her." - sagte Johanna.

„Ich weiß, dass du recht hast, aber er würde mir wahrscheinlich nur wieder weh tun. Er hat mich benutzt, Anni. Er hat mich schamlos als kleines Spielchen zwischendurch benutzt. Mit ihm zu reden, würde die Wunde nur wieder auffrischen."- erwiderte Theresa.

„Nichtdestotrotz geht es hier um ein Lebewesen und nicht darum, ob du dir neue Schuhe kaufst." - versuchte Johanna sie zu überzeugen.

„Ich lasse es mir durch den Kopf gehen." - antwortete Theresa.

„In Ordnung. Es tut mir leid, dass ich so beharrlich bin, aber ich möchte nicht, dass du deine Entscheidung eines Tages bereust." - verabschiedete sich Johanna.

Stefan war zu Hause. Das Gespräch mit seinem Freund, ging ihm nicht aus dem Kopf. „Wie sollte man so eine riesige Aufgabe, den Schutz der Kinder, an besten angehen?! Allein aus der finanzielle Hinsicht, war es nicht allein zu schaffen. Es wird sicherlich nicht einfach, Gesetzte müssen eingehalten werden, ein paar freiwillige braucht man auch und wo soll man die nötigen Gelder her bekommen?" - dachte sich Stefan.

Er verbrachte die ganze Woche damit, sich Gedanken und Notizen dazu zumachen. Er hatte ein komplettes Heft, mit durchgestrichene und doch wieder als für brauchbar gehaltene Ideen, voll geschrieben. Am Samstag traf er sich dann wieder mit Mike, um über die ersten Vorschläge sprechen zu können und eventuell schon mal die ersten Schritten zu machen.

„Hi Stefan, ist dir mittlerweile was eingefallen?" - fragte Mike.

„Ein paar Ideen, habe ich schon. Die Frage ist natürlich, in wie Weit, die sich realisieren lassen." - sagte Stefan.

„Gut, ich höre dir zu." - antwortete Mike.

„Wir könnten den ersten Schritt in der Schule machen, vorausgesetzt der Rektor und die Eltern wären damit einverstanden, mit der Aufklärung. Ich meine so etwas wie, den Kindern zu erklären, was normale Verhaltensweise sind und was nicht. Was sollte ein Erwachsene von einem Kind verlangen dürfen und was nicht. Im nächsten Schritt könnten wir Übungen mit den Kindern machen, damit diese automatisch richtig reagieren können, falls jemand versuchen sollte, ihnen weh zu tun oder ähnliches. Selbstbewusstsein, genau, das brauchen die Kinder. Es ist wichtig, dass sie laut und bestimmt sagen können, dass er/sie los gelassen werden möchte. Ansonsten könnte man ihnen ein wenig Kampfsport beibringen, damit sie sich im Notfall frei reißen können. Die meisten rechnen nicht damit, dass ein Kind dazu in der Lage ist. Der Täter müsste dann überrascht sein. In der Zeit kann das Kind fliehen und so schnell wie möglich auf sich aufmerksam machen und somit um Hilfe bitten." - sagte Stefan.

„Das sind schon mal tolle Ideen Stefan, aber das schaffen wir nicht alleine, außerdem habe ich nicht die notwendigen Kenntnisse um den Kindern derartiges beizubringen. In die Schule darf ich auch nicht ohne weiteres rein. Man müsste dann freiwillige gewinnen, aber ich habe soviel negatives gelesen darüber. Anscheinend suchen die Täter bewusst nach Berufen in denen sie Kontakt zu Kindern haben können. Sie sind dann so geschickt, dass Kollegen und Außenstehende nichts von den Misshandlungen mitbekommen. Was mich dabei besonders geschockt hat ist, dass die Kinder, vor allem, die welche schon mal misshandelt worden sind, solche Überschreitungen von Erwachsenen als Ausdruck der Zuneigung missverstehen, was es ihnen schwer macht, die Handlungen zurückzuweisen. Wie sollen wir Leute finden, denen wir vertrauen können?! - wollte Mike wissen.

„Ich weiß, was du meinst. Die meisten Leuten machen sich zu wenig Gedanken, was die deren eigenen Kindern antun, indem sie sie nicht aufklären. Die werden zu leichte Opfer gemacht. Wir müssen unbedingt was dagegen unternehmen. Die Geschichte von deiner Freundin hat mich sehr zum Nachdenken bewegt. Wir finden da schon eine Lösung. Allerdings muss dir klar sein, dass das sehr Zeitintensiv ist." - äußerte sich Stefan.

„Das ist mir absolut klar. Theresa war ein schreckliches Beispiel dafür, wie sehr ein Erwachsener ein Kind beeinflussen kann. Hast du eine Idee, wem wir so eine Aufgabe anvertrauen könnten." - fragte Mike.

„An sich nur die die bereits in der Schule arbeiten. Ich denke da vor allem an Johanna und Tatjana. Johanna ist eine sehr engagierte Referendarin und Tatjana ist die Sportlehrerin an der Schule, sie müsste auch ein wenig über Kampfsport Bescheid wissen. Aber wie gesagt, als erstes brauchen wir die Erlaubnisse der Eltern und des Rektors." - sagte Stefan.

„In Ordnung, dann sprich du mit dem Rektor der Schule und falls du die Erlaubnis von ihm bekommst, kannst du schon mal mit den beiden sprechen, um abzuklären, ob sie mitmachen würden. Ich setzte schon mal ein Schreiben an die Eltern auf. Ich hoffe, dass sich keiner dagegen stellt." - sagte Mike.

„Mike, bist du sicher, das du das machen willst? Hat dich diese Theresa so beeindruckt?! - fragte Stefan.

„Sie tat mir so leid, Stefan. Was der Mistkerl mit ihr gemacht hat, sollte kein Kind durchleben müssen. Unabhängig davon, ob ich was festes von ihr möchte oder nicht! Ihr ganzes Leben ist bisher eine einzige Verdrängung. Theresa kann ich jetzt nicht mehr schützen, aber vielleicht kann ich dafür sorgen, dass es keinem anderen Kind passiert." - sagte Mike.

„Ich bin mir nicht sicher, ob du das alles in den Weg leiten würdest, wenn es nicht um Theresa gehen würde. Anderseits hast du mich überzeugt. Es gibt viel zu wenig Menschen die für den Schutz der Kinder einstehen. Ich werde dir helfen, so gut ich kann." - versprach Stefan.

„Vielen Dank Stefan, das rechne ich dir hoch an.Meldest du dich dann bei mir?" - fragte Mike.

„Natürlich, bis bald." - sagte Stefan.

„Bis Bald Stefan." - entgegnete Mike.

Johanna lag im Bett und dachte über den Ausflug nach. Sie hatte den Schulausflug geplant. Die Erlaubnis der Eltern war von allen Schülern unterschrieben zurückgebracht worden. Die Busse waren gebucht, die Eintrittskarten für den Zoo auch. Außerdem hatte sie einen Tourguide organisiert.

Am nächsten Tag, sollte die erste Hälfte der Schüler in den Zoo fahren um sich dort die Ausbrütstation der Schildkröten anzuschauen. Sie wollte am Ende einen kleinen Test daraus machen, um sicher zu stellen, dass die Kinder ein wenig über die Schildkröten behalten.

Stefan, Sabine und Tatjana sollten sie begleiten, da ein gewisse Anteil an Erwachsenen dabei sein musste. Bei der Gelegenheit wollte Johanna auch herausfinden, ob Tatjana und Stefan zusammen waren oder nicht. Johanna hatte sich in ihn verliebt, allerdings traute sie sich nicht ihn, darauf anzusprechen, solange sie keine Klarheit darüber hatte, ob er Single war. Sie hatte das Gefühl, dass Stefan nur mal zwischendurch ein wenig Abwechslung und Spaß wollte und somit kein Gedanke daran verschwendet, was ernstes mit ihr zu wollen. Er hat sie seit einigen Tage auf Abstand gehalten. Er verwirrte sie und ihr Herz schlug immer schneller, wenn sie ihm sah. Sie versuchte dies aber noch so weit wie möglich zu ignorieren.

Dann schliefen sie ein. „Bleib liegen, meine liebe." - sagte Stefan und küsste sie am Nacken.

Er drehte sie um, dann küsste er sie auf der Nase, auf den Mund, am Hals und immer weiter runter bis er zu ihren Brüste kam. Er nahm beide nach einander in den Mund, zuerst langsam, dann schneller. Im Anschluß ging er mit dem Mund weiter runter, während er eine Hand an einer der Brüsten weiter spielen ließ, mit dem Mund noch weiter runter und runter bis er an seinem Ziel angekommen ist. Er fing an mit ihrem Kitzler zu spielen, langsam..."

Plötzlich klingelte der Wecker. Um Himmels Willen, was war den das für ein Traum, dachte sie sich. Ihm kann ich doch nicht nochmal in die Augen schauen, ohne rot zu werden.

Stefan, Tatjana und Sabine hatten schon auf sie gewartet, als sie vor der Schule angekommen war. Wie erwartet, konnte sie Stefan nicht in die Augen schauen.

„Guten Morgen Leute!" - sagte Johanna und fing sofort an die Anwesenheit der Kinder zu prüfen.

Am Zoo angekommen, waren die Kinder an den Affen und Pelikane vorbei zur Ausbrütstation gebracht worden. Es wurde ihnen erzählt, dass die Eier der Schildkröten nach der Eierablage nicht gedreht werden dürfen, da die Schildkrötenbabys sonst sterben. Und dass das spätere Geschlecht der Schildkröten von der Bruttemperatur abhängig ist. Die Brutdauer liegt bei ca. zwei Monate.

Die Kinder waren fasziniert, vor allem, als sie die kleinen, süßen Schildkröten gesehen hatten.

Das Personal des Zoo´s hatte eine Überraschung für die Kinder vorbereitet. Jedes der Kinder durfte einzeln, zusammen mit einem Pfleger, zu einem der Aquarien um eine Schildkröte anfassen zu können.

Die hatten sich unheimlich gefreut. Der Tag war ein voller Erfolg.

Am Abend, nachdem sie die Kinder an die Eltern übergeben hatten, fragte Stefan, ob Tatjana und Johanna noch ein wenig Zeit hätten.

In der Zwischenzeit konnte er schon mit dem Rektor der Schule sprechen und bekam die Erlaubnis, um mit dem Projekt Schutz vor Kindesmissbrauch zu starten.

Er erzählte den beiden worum es ging und fragte, ob sie bereit wären, bei dem Projekt mitzumachen.

Beide sagten sofort zu.

Johanna wollte das Thema schon am nächsten Tag in der Schule mit den Kindern zusammen anzugehen.

„Warte Johanna. An besten treffen wir uns nochmal mit Mike, damit ihr wisst, wer den Anschub dafür gab und was seine Beweggründe sind." - sagte Stefan.

„Sagtest du gerade Mike?" - fragte Johanna.

„Ja, wieso?" - fragte Stefan.

„Ich dachte nur den Namen vor kurzem schon mal gehört zu haben." - erwähnte Johanna.

„Lustiger Zufall, nicht wahr?! Macht ihr euch bitte ein paar Gedanken zu den Thema, dann können wir alles zusammen besprechen?" - sagte Stefan.

Tatjana verabschiedete sich und als auch Johanna gehen wollte, fühlte sie plötzlich wie Stefan sie zu sich zog und so standen sie ganz nah voreinander, er umarmte sie und schaute ihr ganz tief in die Augen. Dieser Moment sollte niemals vergehen, dachte sich Johanna. Dann küsste er sie, zuerst zögerlich, als ob er Angst hätte vor ihre Reaktion, dann schneller und wilder.

„Bis Morgen Johanna." - sagte er plötzlich und ging aus dem Raum.

Johanna war mehr als überrascht. Wieso hatte er sie jetzt geküsst? Das darf er doch nicht. Er ist doch mit Tatjana zusammen. Zumindest bekam sie mal wieder den Eindruck, während des Ausflugs. Was will er damit erreichen? Sie streichelte sich mit einem Finger über die Lippen und musste an seinem Kuss denken. Das durfte sie nicht nochmal zulassen. Sie wäre niemals fähig es mit sich selber vereinbaren. „Ein Mann der eine Freundin hat ist Tabu!" - dachte sie noch insgeheim, während sie ins Bett ging.

…..

Am nächsten Morgen saß Theresa, heulend vor Johannas Haustür. Sie wäre fast in die Wohnung gekippt, als Johanna die Tür aufgemacht hat.

„Oh mein Gott, Thess, was ist los?" - fragte Johanna, während sie Theresa stütze, damit sie nicht reinfiel.

„Anni, ich schaffe es nicht. Wie soll ich alleine ein Kind groß ziehen?!" - fragte Theresa mit Tränen in den Augen…

„Jetzt komm rein und trink erst mal etwas." - sagte Johanna.

Johanna hat ihr dann einen Tee gemacht, wickelte sie in eine Decke und setzte sich mit ihr aufs Sofa.

„So jetzt erzähl mir was mit dir los ist!" - sagte Johanna.

„Habe ich doch schon gesagt, Anni. Ich schaffe es nicht. Ich muss es abtreiben." - sagte Theresa.

Johanna lief ein kalter Schauer den Rücken runter. Sie hatte sich mit dem Thema befasst, weil sie schon die Befürchtung hatte, dass sie sich so entscheiden würde. Das berufliche Problem kann dadurch vielleicht vorbei sein, allerdings hatte sie viel über die dadurch eventuell entstehende posttraumatische Belastungsstörung gelesen auch als Post-Abortion-Syndrom genannt.

Dies kann zu Angstzustände, Panikattacken bis hin zu schwere Depressionen führen. Manche Frauen sind danach nicht in der Lage ihren Beruf nachzugehen, sie fallen in ein tiefes Loch, woraus sie alleine nur noch schwer raus kommen. Da sie sich dann immer mehr zurückziehen, kann auch die Beziehung zugrunde gehen. In diesem Zusammenhang musste Johanna auch an das neue Projekt von Stefan denken. Ist Abtreibung nicht auch eine Art von Kindesmissbrauch? Ja klar, das Kind ist dann zwar noch nicht geboren, dennoch ist es schon ein Lebewesen, welches ebenfalls Schutz benötigt. Johanna konnte nicht zulassen, dass Theresa so eine falsche Entscheidung trifft, sie würde es für den Rest ihres Lebens bereuen. Zum Psychologen würde Theresa sicherlich nicht gehen wollen. In vorherigen Gespräche, hatte sie deutlich ihre Abneigung gegen diese Berufsgruppe kund getan.

Vielleicht wäre es eine gute Idee sie für Stefans Projekt zu gewinnen. „Thess, so eine Entscheidung, solltest du nicht ohne Nachzudenken treffen. Ich glaube du brauchst ein wenig Ablenkung. Schau mal, wir starten gerade mit einen neuen Projekt an der Schule. Du könntest mir helfen." - sagte Johanna. „ Vielleicht bist du dann erst mal abgelenkt und kannst dann klarer darüber nachdenken."

„Vielleicht hast du Recht. Um was geht es denn, bei eurem Projekt?" - fragte Theresa.

„Um Schutz der Kinder vor Kindesmissbrauch. Dafür wird viel zu wenig getan." - sagte Johanna.

Theresa spürte plötzlich ein Stich ins Herz, als ob sie mehr damit zu tun hätte, als sie dachte. Sie schüttelte den Kopf und schon war das Gefühl weg.

„Ich helfe gerne." - sagte Theresa.

„Schön, ich muss nur noch mit Stefan sprechen, ob was dagegen spricht. Wir haben demnächst auch ein Treffen mit ein gewissen Mike. Er soll die treibende Kraft dahinter sein. Bis dahin, sollen wir uns ein paar Gedanken zu dem Thema machen." - sagte Johanna.

„Geht klar, mach ich. Wäre schön, wenn ich da mitmachen könnte." - sagte Theresa.

„Ich gebe dir dann Bescheid. Aber jetzt muss ich los, ich bin schon viel zu spät dran. Du kannst ruhig hier bleiben. Leg dich ein wenig hin. Ich komme so schnell wie möglich zurück." - sagte Johanna.

„Vielen Dank Anni. Das werde ich machen." - verabschiedete sich Theresa.

Durch den Zwischenfall, kam Johanna natürlich zu spät in der Schule an.

„Johanna, es kann doch nicht sein, dass ich dich einmal lobe und schon kommst du ein paar Tage darauf zu spät!" - sagte Stefan.

„Eine Freundin hatte meine Hilfe gebraucht." - antwortete Johanna.

Johanna hatte ihm die Geschichte erzählt und fragte ihn, ob es möglich wäre, dass Theresa bei dem Projekt mitmacht.

„Wo habe ich denn diesen Namen schon mal gehört?! Naja egal, ich muss zwar mit dem Rektor sprechen, dürfte aber kein Problem sein. Wir brauchen so viele Freiwillige wie möglich." - sagte Stefan.

„Gut dann gehe ich in meine Klasse. Ich bringe Theresa dann zum Treffen mit, ok? - fragte Johanna.

„In Ordnung." - antwortete Stefan, während auch er, zu seiner Klasse ging.

Nachmittags hatte Stefan das von Mike vorbereitete Schreiben an die Eltern zum Rektor gebracht. Es musste abgesegnet werden. Der Rektor hatte noch ein paar Verbesserungsvorschläge. Stefan hatte es dann angepasst und war gerade dabei die Kopien für die Kinder fertig zu machen als Tatjana in den Kopierraum kam hinein.

„Oh Stefan! Ich hatte noch gar nicht die Gelegenheit mich bei dir zu bedanken. Du hast mir sehr geholfen, vor ein paar Monaten. Ich habe es nur dir zu verdanken, dass ich aus diesen Teufelskreis raus kam." - sagte Tatjana.

„Kein Ding, für dich würde ich es immer wieder tun." - sagte Stefan mit einem Lächeln. „Wie läuft die Therapie?"

„Gut, es würde jetzt auf einmal in der Woche reduziert. Ich muss mich manchmal zwar noch überwinden, aber ich bin seitdem komplett clean." - sagte Tatjana.

Stefan hatte sie vor ca. 10 Monate unter einer Treppe gefunden. Sie lag auf den Boden, die Augen halb offen, nach hinten verdreht. Sie zitterte am ganzen Körper. Da sah er die Nadel noch am Arm hängen. Sie hatte versucht, sich den Goldenen Schuss zu geben. Sie hatte sich und das Leben aufgegeben. Stefan schaffte es, sie gerade rechtzeitig ins Krankenhaus zu bringen. Sie war in einem echt üblen Zustand.

Nach Ihrer Entlassung, half er ihr einen Thera-pieplatz zu finden und machte ihr klar dass Dro-gen niemals die Lösung von Problemen sind. Bei einem dieser Gespräche, hatte sie ihm auch erzählt, dass da einfach zu viel zusammen gekommen war. Ihre Mutter war vor eineinhalb Monaten verstor-ben und als ob das nicht reichen würde, hatte sie auch noch ihr Baby verloren, im dritten Schwan-gerschaftsmonat. Es war wahrscheinlich der Schock über den Tod der Mutter. Der Vater des verlorenen Kindes hatte sie im Stich gelassen, so-bald er vom Baby erfahren hat. Er behauptete plötzlich, dass er nicht der Vater sein könne. Er hatte ihr vorgeworfen, sie wäre sicherlich mit je-mand anders im Bett gewesen. Das war zu viel für sie und da sah sie kein Ausweg mehr. Die Drogen schienen die Schmerzen zu vermindern, ja sogar komplett verschwinden zu lassen. Ihr ging es dann gut, bis zu dem Tag, an welchem Stefan sie fast tot gefunden hat.

Sie waren seitdem gute Freunde geworden. „Außerdem fragte ich mich, ob wir dieses Thema nicht auch bei den Kindern ansprechen sollten in Bezug auf unserer Projekt. Kinder bzw. Jugendli-che kommen früher mit Drogen in Kontakt. Ich bin der Meinung, dass auch das ein Teil unserer Arbeit sein sollte. Nur dann, wenn die Kinder wissen, was es ist und mit welchen Folgen sie dann kämpfen müssen, können sie auch NEIN zu Drogen sagen." - sagte Tatjana.

„Ja, da gebe ich dir Recht. Allerdings frage ich mich, ob das nicht zu viel wird vom Umfang her. Das müssten wir dann mit den anderen besprechen, ob die damit einverstanden sind." - sagte Stefan.

„Ich finde es nicht, dass es zu viel wird. Es geht immerhin um den Schutz der Kinder. Und das gehört meiner Meinung nach dazu. Warten wir mal ab was die anderen sagen, ich muss los." - sagte Tatjana.

„Ok, wir sehen uns beim Treffen." - verabschiedete sich Stefan.

„Ach, bevor ich es vergesse. Pass auf, dass du nicht zu lange wartest, bis du Johanna deine Liebe gestehst!" - sagte Tatjana.

„Was?! Was für ein Blödsinn sagst du denn da?! Sie ist nur eine Kollegin. Nicht mehr und nicht weniger." - sagte Stefan.

„Wie du meinst, Stefan." - sagte sie und ging lachend aus dem Raum.

Also wirklich, was denkt die sich? Klar Johanna ist hübsch, intelligent, engagiert sich für Freunde, lacht gerne. Und diese Augen! Wenn Sie nervös ist, muss sie immer unbewusst mit den Haaren spielen. Das ist total süß. Aber Liebe?! Tatjana spinnt doch wohl, der Schaden durch die Drogen ist doch größer als ich dachte, sagte sich Stefan.

....

Theresa war alleine in Johanna´s Wohnzimmer auf der Couch eingeschlafen. Es war für sie eine lange Nacht. Die Angst um Ihre Zukunft, hatte sie fertig gemacht. Sie wusste nicht, wie es sein würde mit einem Baby. Mike´s Beziehung wollte sie nicht kaputt machen, dazu hatte sie nicht das Recht. Wenn sie es bloß davor erfahren hätte. Bevor sie miteinander geschlafen hatten. Aber sie war betrunken, zu betrunken zu den Zeitpunkt. Sie hatte ein komplettes Blackout. Sie wusste nicht genau, was sie alles getan hatte oder gesagt hatte. Sie wusste nur noch, dass sie sich am nächsten Morgen zwar Kopfschmerzen ohne Ende hatte, sich allerdings erleichtern fühlte. So als ob, ihr ein schweres Gewicht von den Schultern genommen worden wäre. Erklären konnte sie sich das nicht. Mike hat ihr für die zwei Nächte, die sie zusammen verbracht hatten, sehr gut getan. Aber er war nicht für sie bestimmt. Sie musste die Entscheidung, ob sie das Kind behält oder nicht alleine treffen. Auch wenn es zum Teil ihm gegenüber unfair war. Aber davon würde er sowieso niemals erfahren. Wie denn auch? Sie würde ihn niemals wieder treffen. Ein Baby...

„Weist du, wie du mir noch mehr helfen kannst, das es noch mehr wächst?"

„Nein!"

„Zieh deine Unterhose aus und setzt dich auf mein Schos..."

„Keine Angst, ich streichle dich nur, wirst sehen, dass es sehr angenehm ist!"

„Siehst du? Es wächst schon...magst du mal anfassen?!"

Theresa wachte plötzlich auf...

„Oh mein Gott, jetzt weiß ich es wieder! Das kleine Mädchen war ich." - sagte sie in Gedanken.

Sie hatte das unbändige Verlangen sich zu waschen, wieder und wieder und wieder. Ihr liefen die Tränen runter. Sie fühlte sich benutzt, hintergangen. Sie fühlte sich allein, hatte sich vor sich selbst geekelt. Wie konnte sie so etwas zulassen? Wie konnte es soweit kommen? Hatten ihre Adoptiveltern den nichts gemerkt?! So jemanden hatten sie als Freund gesehen? Kann man wirklich so Blind sein? Hatten sie sie an ihn sogar verkauft? Sie hatten ja immer Geldprobleme...Nein, das konnte nicht sein. War sie selbst Schuld? Immerhin war sie dahin gegangen, immer wieder. Sie schämte sich so. Gott, wieso hatte sie solange nicht daran gedacht? Wieso dachte sie jetzt daran? Wieso wusste sie es plötzlich wieder? War es die Tatsache, dass jetzt ein Kind in Ihr heranwächst? Der Typ war so eklig, er war alt. Er hatte sie missbraucht, immer und immer wieder. Und sie hatte es zugelassen...Nein, sie konnte nichts dafür, sie war noch ein Kind, ein unschuldiges Kind. Er hatte sie geschickt manipuliert. Er hat sie benutzt und sie missbraucht. Er hatte ihr ihre Kindheit gestohlen, ihre Unschuld, ihre Unbeschwertheit, ihr Wesen.

Er hatte sie zu einem Frack gemacht. Wäre damals nicht Anni gewesen, wäre sie höchstwahrscheinlich abgerutscht ins Nichts, ins Leere, ins Dunkle. Anni hatte es geschafft, ihr zu helfen, ohne zu wissen, was passiert war.

„Nein, das wird meinem Kind nicht passieren." - sagte Theresa laut, noch mit Tränen in den Augen.

Sie hatte sich entschieden. Sie hatte sich fürs Baby entschieden. Sie wollte mit aller Kraft auch bei dem Projekt helfen, von dem Anni erzählt hatte. Für sich selbst. Für ihr Baby.

Arschloch!" - schrie sie plötzlich. „Sei froh, dass du im Moment nicht vor mir bist. Wie konntest du mir das antun? Wie konntest du deinen Freunden das antun? Ich hasse dich! Hast du es gehört? Ich hasse dich! Aber du hast es nicht geschafft mich komplett zu zerstören, ich werde es nicht zulassen. Ich nehme jetzt mein Leben in die Hand. Es ist mein Leben!!!"

„Thess, was ist los?! Um wem geht es hier? Du bist ja total Nass." - sagte Johanna.

Johanna war zwischenzeitlich vor der Arbeit nach Hause gekommen. Sie hatte Theresa schon von draußen schreien hören.

„Anni, ich weiß es wieder!" - sagte Theresa mit Tränen in den Augen.

„Was meinst du wieder?! Um Himmelswillen, Thess. Was weißt du wieder?" - fragte Johanna.

Und dann erzählte Theresa. Sie hatte Johanna jedes einzelne Detail erzählt. Wie sie sich fühlte, wie sie Jahre lang schuf, das Geschehene zu verdrängen. Auch ihr stellte Theresa die gleichen Fragen die ihr im Kopf herum spuckten. Wieso sie? Wurde sie von ihren Adoptiveltern an diesen Mistkerl verkauft? War sie selber Schuld?

Theresa erzählte und weinte. Stundenlang. Johanna wurde immer bleicher. Wieso hatte sie denn nichts davon gemerkt? Hatte Theresa das denn so gut verdrängen können? Wie kann jemand in der Lage sein, einem Kind so was anzutun? Gott und jetzt ist sie auch noch schwanger von einem Mann der nichts von ihr wissen möchte.

Theresa war eingeschlafen, ihre Augen waren zugeschwollen, die Haare durcheinander. Sie hatte Johanna so leid getan. Sie wusste nicht wie sie ihrer Freundin helfen konnte.

„Ich helfe dir Thess... irgendwie!" - sagte Johanna, während sie Theresa zudeckte.

Johanna hatte jetzt einen Grund mehr, das Projekt zu unterstützen. Sie hatte jetzt hautnah mitbekommen, wie es das Opfer kaputt machte. Als Kind und als Erwachsenen. Das würde sie ihr ganzes Leben begleiten. Das darf nicht nochmal vorkommen. Es darf kein weiteres Kind erwischen.

Johanna hatte eine behütete Kindheit gehabt, kein Mensch hat ihr jemals ein Haar gekrümmt und so sollte es für jedes einzelnes Kind sein. Wie würde sich wohl Theresa im Bezug auf das Baby entscheiden? Es ist natürlich nichts was man auf den leichten Schulter nehmen sollte. Dann war auch Johanna unter Tränen eingeschlafen.

....

Es war Samstag. Theresa und Johanna waren als erstes am Treffpunkt angekommen. Danach kam Tatjana. Johanna hatte die beiden vorgestellt und sie waren ins Gespräch gekommen.

„Ich dachte, du würdest zusammen mit Stefan kommen?! - fragte Johanna.

„Wieso sollte ich? Stefan ist zwar ein guter Freund, aber so gut dann doch nicht!" - sagte Tatjana mit einem lächeln.

„Nur Freunde? Ich dachte ihr beide wärt zusammen?" - fragte Johanna.

„Oh Gott, nein. Stefan hat mir sehr geholfen, er ist für mich wie ein Bruder." - antwortete Tatjana.

Dann kam Stefan und das Gespräch, musste unterbrochen werden.

„Guten Morgen! Mike müsste auch gleich kommen." - sagte Stefan. „Bestellen wir uns erst mal etwas."

„Oh Gott, ist das Mike?!" - dachte sich Theresa.

„Theresa! Du hier? Wieso?" - sagte Mike.

„Mike!..." - sagte Theresa.

Sowohl Stefan als auch Johanna war sofort klar, das sie einfach nicht eins und eins zusammengezählt hatten.

„Gut, ihr kennt euch! Dann muss ich euch nicht mehr vorstellen. Das ist schon mal ein Zeitersparnis. Nimm Platz Mike." - sagte Stefan.

„Ähhh ja, wir kennen uns." - sagte Mike, während er sich hinsetzte.

„Mike, das ist Johanna und die hübsche Dame da drüben ist Tatjana. Die Damen hatten sich bereit erklärt, an dem Projekt mitzuarbeiten und zu helfen wo sie können. Das Einverständnis des Rektors, habe ich auch schon eingeholt. Wir können somit starten. Wir wäre es, wenn du uns deine

Gründe nochmal darlegst, warum dir das Projekt so wichtig ist." - ermutigte Stefan.

„Ja, nun, eine Person die mir sehr wichtig ist, hat mir erzählt, wie sie als Kind missbraucht würde. Mehrmals. Sie hat mir so unendlich leid getan und gleichzeitig wurde ich so wütend auf diesen Mensch der ihr dass angetan hatte. Ich wollte ihn zusammenschlagen, den Hals umdrehen. Aber das ging ja nicht. Jedenfalls ist sie mir nicht mehr aus den Kopf gegangen, das was ihr Geschehen war und so habe ich mich entschieden, es nach Möglichkeit nie mehr zuzulassen, dass es nochmal einem Kind passiert." - sagte Mike.

„Mike!" - sagte Theresa. Sie war verwirrt, hatte sie ihm das Geschehene erzählt, ohne dass es ihr selbst bewusst war? Oder meinte er jemanden anders? Hatte er eben gesagt, dass ihm die Person wichtig sei? Bin ich ihm wichtig? Sie hatte auf ein mal so viele Gedanken und fand dennoch keine Antworten.

„Tja und das ist mein Hauptgrund. Stefan hat mir erzählt, dass ihr zum Teil auch schon Ideen hattet. Verschaffen wir uns mal einen Überblick. Jeder zählt seine Ideen auf, wir notieren diese und besprechen, wie wir es am besten machen." - sagte Mike.

Voller Tatendrang besprachen sie eine Idee nach der anderen. Das Bedürfnis, den Kindern zu helfen wuchs immer mehr in ihnen. Die ersten Schritte sollten schon am Montag in der Schule, nach Rücksprache mit dem Rektor, gestartet werden. Johanna hatte sich bereit erklärt, die Kinder über die Gefahren, welche evtl. von eigentlichen „Respektspersonen" ausgehen aufzuklären, zusammen mit einer Kinderpsychologin. Diese musste noch engagiert werden. Am besten wäre es natürlich, eine oder einen zu finden, der das ehrenamtlich macht. Die Kinder sollten erlernen, wie sie eine gefährliche Person erkennen könnten und wie sie schon mit dem richtigen Auftreten dagegen vorgehen könnten. Tatjana würde den sportlichen Teil übernehmen, also den Schützlingen beibringen, wie sie sich in einer Gefahrensituation los reißen könnten. Theresa sollte die Aufklärungsarbeit gegen Drogen und deren Konsequenzen übernehmen. Stefan würde alles koordinieren und Mike würde regelmäßig mit den Eltern in der Schule sprechen, damit sie über die Fortschritte der Kinder informiert waren und von zu Hause aus ebenfalls die Kinder ergänzend aufklären können. Mike musste sich dafür natürlich mit allen jeweils besprechen. Nach mehreren Stunden hatten die fünf sich auf eine Vorgehensweise geeinigt. Natürlich musste noch der genaue Ablauf besprochen werden, aber zumindest stand der Hauptplan schon mal. Sie hatten sich darauf geeinigt, dass die Kinder am Montag erst einmal vorsichtig an das Thema herangeführt werden sollten. Alle waren voller Elan nach Hause gegangen und freuten sich auf die neuen Aufgaben. Gleichzeitig aber hatten sie auch Angst davor was alles auf sie zukommen würde. Sie hofften darauf, dass alle Eltern mitarbeiten würden und ihnen keine Steine in den Weg legen würden.

„Theresa, warte Kurz!" - sagte Mike.

Johanna zeigte ihr kurz, dass sie weiter vorne warten würde.

„Was willst du Mike?!" - fragte Theresa.

„Ist das eine Art und Weise ein alter Freund zu begrüßen?!" - fragte Mike.

„Wir? Freunde? Nein, sicherlich nicht. Ja du weißt, was mir als Kind passiert ist, obwohl ich mich frage woher. Aber gleichzeitig hast du mich und deine Freundin betrogen! Das ist keine

Freundschaft. Ich werde mit dir zusammen arbeiten, weil auch mir das Projekt was bedeutet, wie du weist. Nicht mehr und nicht weniger." - sagte Theresa.

„Es tut mir leid Thess." - sagte Mike.

„Mit einen einfachen es tut mit leid, ist es nicht getan Mike. Lass mich einfach in Ruhe und schau zu, dass du deiner Freundin nicht wieder untreu wirst. Außerdem hast du das Recht verloren mich Thess zu nennen. Das dürfen nur wahre Freunde! - sagte Theresa.

„In Ordnung Theresa. Ich kann mich nur entschuldigen. Wir sehen uns im Laufe der Woche wegen der Besprechung." - sagte Mike.

„Bis dahin." - sagte Theresa und ging zur Johanna.

„Thess, das ist doch DER Mike oder?! - fragte Johanna.

„Ja." - antwortete Theresa.

„Hast du es ihm gesagt, dass du Schwanger bist?" - fragte Johanna weiter.

„Nein und ich werde es ihm auch nicht sagen. Er hatte eine Freundin, hast du das vergessen? Ich werde das Kind alleine aufziehen. Er wird niemals erfahren, dass es sein Kind ist." - sagte Theresa.

„Bist du dir sicher? Verstehe mich nicht falsch, ich freue mich, dass du dich für das Kind entschieden hast, aber du weißt, dass es einen Vater braucht." - sagte Johanna.

„Ja, ich bin mir sicher Anni. Hilf mir dabei, bitte. Sag ihm kein Wort." - sagte Theresa.

„Hmm, ich bin zwar nicht damit einverstanden, aber ok." - erwiderte Johanna.

„Vielen Dank Anni. Ich weiß, dass ich auf dich zählen kann. Ich freue mich darauf Mutter zu werden. Immer hin gibt es so viele Frauen, die Jahrelang versuchen Schwanger zu werden, ohne dass deren Traum war wird." - sagte Theresa.

„Ja , da hast du Recht. Wir sehen uns in der Schule Thess, komm gut heim." - verabschiedete sich Johanna.

„Bis dann." - antwortete Theresa.

….

Am Montag saßen die neugierigen Kinder in der Turnhalle und fragten sich, was jetzt kommen würde. Sie tauschten sich darüber aus, was ihnen ihre Eltern zu Hause gesagt hatten.

Johanna hatte sich das ganze Wochenende darüber Gedanken gemacht wie sie das Thema an besten angehen könnte, ohne die Kinder zu verstören.

„Guten Morgen Kinder. Wie ihr wisst, werden wir jetzt mit einem Thema anfangen, das für alles sehr wichtig ist. Mir ist überaus bewusst, dass es nicht immer wichtig ist. Mir ist überaus bewusst, dass es nicht immer angenehm ist über manche Sachen zu sprechen. Allerdings ist es für eure Eltern und für uns ein sehr wichtigstes Anliegen. Daher bitte ich euch sehr genau zuzuhören und alles so zu befolgen wie wir es euch mitteilen werden. Außer mit sind noch ein paar anderen Erwachsene beteiligt, die ich euch später vorstelle. Wir fangen mal an. Ihr werdet euch in eurem Leben immer wieder mit verschiedenen Menschen konfrontiert sehen..." - startete Johanna mit der Aufklärungsarbeit.

Stefan beobachtet sie von einer Ecke im Raum.

Johanna sah heute mal wieder einfach wunderschön aus. Sie trug die Haare zur Abwechslung mal offen. Eine Strähne ist ihr immer wieder vor die Augen gefallen. Stefan hätte nichts lieber getan, als ihr sanft die Strähne hinter das Ohr zu streicheln. Und die Lippen...er würde sie so gerne wieder küssen. Sie schmeckt so gut...die Frau muss mir gehören...

„Ach Stefan, und du sollst nicht verliebt sein? Du musst du schon ein besserer Schauspieler werden!" - sagte Tatjana.

„Du siehst doch Gespenster Tatjana." - sagte Stefan.

Tatjana lachte nur und ging wieder zu ihrem Platz. Sie war als nächstes dran.

Verliebt? Nein, dachte sich Stefan. Er schaute sie nur gerne an. Das hat doch nichts zu bedeuten.

Die letzte Beziehung stecke ihm noch in den Knochen. Er war sich damals sicher, dass es die Richtige ist. Es war alles perfekt. Sie sah hammermäßig aus, war intelligent, offen, spontan. Hat sich gut mit seinen Freunden und mit seinen Eltern verstanden. An dem einen Tag, wollte er sie fragen, ob sie seine Frau werden möchte. Er war sich absolut sicher, er hatte Tage gebraucht um alles vorzubereiten. Als er nach Hause kam und die Tür aufmachte, sah er das, was keiner sehen möchte.

Seine Freundin auf dem Sofa mit einem anderen. Sie hat damals gesagt, dass es ihr nichts bedeuten würde, das es einfach so passiert sei, es sei nur Sex. Stefan war außer sich, hatte sich noch soweit zurückhalten können um den beiden nichts anzutun. Dann bat er sie darum, sich anzuziehen und aus seinem Leben zu verschwinden. Als beide weg waren, krallte er sich eine Flasche Wishky nach der anderen und Betrank sich ordentlich. Am nächsten Tag stand die Polizei vor seiner Haustür. Die beiden hatten ein tödlichen Unfall. Stefan hatte nie die Möglichkeit, die Fragen zu stellen, die er gerne gestellt hätte. Sie war gestorben ohne, dass sie ein letztes klärendes Gespräch haben könnten.

Seit dem, hatte er nie wieder etwas ernstes mit einer Frau. Er hatte Jahre gebraucht um einigermaßen wieder ein normales Leben zu führen. Mike und Tatjana hatten sehr viel Geduld beweisen müssen. Vor allem die ersten Monate waren Schwer. Er hatte alles und jeden verflucht.

Dann fing Tatjana an zu reden.

„Also, wie Frau Claassen schon gesagt hat, dient das Ganze eurem Schutz. Wir möchten, dass ihr euch auch selber verteidigen könnt. Natürlich ist es sehr wichtig, in eventuellen Gefahrensituationen das richtige zu sagen, aber auch körperlich muss man sich verteidigen können..." - startete sie.

Alle hörten sehr gespannt zu. Nur Stefan hatte nur Augen für Johanna. Ihr war schon wieder eine Strähne vor die Augen gerutscht und er musste schmunzeln.

So vergingen ein Paar Wochen. Sie wechselten sich ab mit den jeweiligen Themen. Es blieb kaum noch Zeit für ein Privatleben, da die Aufklärung nicht im Laufe des normalen Unterrichts, stattfinden durfte. Aber es war für alle ok.

Die Eltern schienen das Ganze auch sehr gut anzunehmen.

Das Bäuchlein von Theresa war ein wenig gewachsen, daher hatte sie ihren Kleidungsstil ein wenig angepasst, damit es in der Schule nicht gleich auffällt. Breitere Pullis oder T-Shirts, bloß nichts enges mehr. Mike sollte ja nichts davon mitbekommen.

Aber gerade das, fand er komisch. Während einer der wöchentlichen Besprechungen sprach er sie darauf an, woraufhin sie nur erwiderte, dass es nichts zu bedeuten hätte. Sie wolle nur ein gutes

Beispiel für die Kinder sein. Somit war das Thema erst mal vom Tisch.

Johanna musste sich extrem zurückhalten um Mike nichts zu erzählen, vor allem, weil sie sich so auf das Kind gefreut hat, aber das hatte sie ihrer Freundin versprochen.

…..

Mittlerweile war die erste Hälfe des Referendariats fast vorbei. Johanna hatte sich sehr gut eingelebt.

Im Laufe der Monate hatte Stefan sie um mehrere Dates gebeten. Dabei waren sich die beiden näher gekommen. Von seiner letzten Beziehung und dessen Ende hatte sie mittlerweile erfahren und beschlossen ihm die Zeit zu geben die er benötigt.

Nun stand das Übernahmegespräch für den Job, nach dem Referendariat, als vollwertige Lehrerin noch aus. Sie hatte schon ein paar Gespräche mit dem Rektor gehabt und es sah danach aus, als würde es klappen. Sie freute sich schon darauf, als Lehrerin zu arbeiten und wollte die zweite Hälfte noch ausnutzen um noch so viel wie möglich zu lernen.

Theresa hatte sich schon nach ein paar Monate in der Schule, in das sie an deren gemeinsamen Projekt zum Schutz der Kinder gearbeitet hatte, entschuldigt. Nachdem sie den passenden Ersatz für sich gefunden hatte, ging sie. Sie zog in ein kleines Dorf ins Ausland. Sie wollte nicht, dass Mike mitbekommt, dass sie Schwanger ist und somit vermied sie, dass sie sich zufällig über den Weg liefen. Die Zeit der Zusammenarbeit mit den Kindern, hatte ihr über ihre eigene Erlebnisse hinweg geholfen.

Johanna hatte versprochen sie so häufig wie möglich zu besuchen.

Obwohl die Beziehung mit Stefan immer enger und inniger wurde, konnte sie auch ihm nicht erzählen, warum Theresa so übereilt die Stadt verlassen hatte. Mike war immerhin sein bester Freund. Johanna wollte ihm nicht in die mißlige Lage bringen, seinem Freund etwas nicht erzählen zu dürfen.

Dennoch versuchte sie ihn nicht anzulügen, wenn er sie nach Thess fragte, sondern berief sich auf die allgemein bekannten Gesetze der Freundschaft.

Ein Monat später klingelte Johannas Handy.

„Anni ich bin es, Thess." - sagte Theresa.

„Thess, kleines, wie geht es dir?" - fragte Johanna. „Gut, ich habe mich mittlerweile gut eingelebt. Du, warum ich anrufe. Der Geburtstermin ist in einer Woche. Mir wäre es sehr wichtig, dass du bei der Geburt dabei bist." - sagte Theresa.

„Natürlich werde ich da sein, ich buche den Flug heute noch. Ich freue mich dich zu sehen. Du fehlst mir." - antwortete Johanna.

„Du mir auch. Ich sage dir dann Bescheid, wann ich ankomme." - verabschiedete sich Johanna.

Zwei Tage später war Johanna in Faro gelandet, einer Stadt in Portugal. Nun musste sie nur noch mit dem Reisebus zwei und halb Stunden nach Vila Nova de Milfontes. Einem kleinen touristischen Dorf direkt am Meer. Der Großteil der Häuser waren maximal zweistöckig. Alle weiß, mit einem, vom Boden aus ca. 50 cm hohen, hell oder dunkel blauen Bordüre, die auch um die Fenster und Türe gingen. Alle Häuser sehr nah an den Straßen. Fußgängerwege sind kaum vorhanden. Sehenswürdigkeiten hat der Ort nicht wirklich, außer ein kleines antikes Schloss, mit einer kleinen aber schönen Grünanlage. Leider ist es nicht für die Öffentlichkeit zugänglich. Allerdings kann das kleine Schloss für kleinere Partys gebucht werden. Des Weiteren hat der kleine Ort nur den Strand zu bieten, vom welchem aus man ein seltenes Naturschauspiel betrachten kann, das ein wenig Abwechslung in das Leben der Bewohner und evtl. Touristen bringt. An dem kleinen Dorf trifft der Fluss Mira auf den Atlantik, wodurch man sich entweder für den ruhigeren aber salzigen Flussabschnitt oder für das Wellen durchzogene Meer entscheiden kann. Milfontes, wie es die Einwohner nennen, hat einen sehr eigenen Scharm. Die Menschen sind ruhig und gelassen. Man merkt, dass sie das Leben genießen. In einer der vielen kleinen Kaffees oder Restaurants zu sitzen und das treiben der Menschen zu beobachten und sich dabei mit einem Freund zu unterhalten, ist die Lieblingsbeschäftigung der Einwohner.

„Anni, Anni, ich freue mich so, dass du da bist." - sagte Theresa.

„Hi Thess, wie geht es dir?" - fragte Johanna.

„Gut, ich habe schon Senkwehen seit einiger Zeit. Aber ansonsten geht es mir gut." - antwortete Theresa.

„Warst du schon beim Arzt?" - fragt Johanna.

„Natürlich, Senkwehen sind völlig normal laut Aussage des Arztes." - sagte Theresa.

„Und wann und wo soll die Geburt stattfinden?" - fragte Johanna.

„Wenn alles nach Plan läuft, in drei bis vier Tage in Odmira." - sagte Theresa.

„Wo ist denn das schon wieder?" - fragte Johanna.

„Ca. 30 km von hier, Milfontes selbst, hat leider kein Krankenhaus. Die haben nur ein Ärztehaus." - sagte Theresa.

„Ok, und wie willst du dahin kommen, wenn es soweit ist?" - fragte Johanna.

„Mach dir keine Sorgen, ich habe mein Auto damals zwar verkauft, aber der Arzt meinte, dass ich dann ein Krankenwagen rufen kann, der mich ins Krankenhaus bringt." - sagte Johanna.

Vier Tage später war es soweit. Die Wehen gingen los. Nachdem sie im Krankenhaus angekommen waren, ging es relativ schnell. Theresa hatte Glück, die Geburt dauerte gerade mal zwei Stunden. In der Regel kann eine Erstgeburt über 12 Stunden dauern. Es ist alles gut verlaufen. Sie hatte einen Sohn bekommen. Er sollte den Namen des Vaters bekommen.

Johanna war die ganze Zeit dabei, hatte ihr Kraft gegeben und ihr Mut zugesprochen.

Als sich Theresa von der Geburt erholte hat, fragte sie ihre Freundin noch, ob sie die Patentante des kleinen werden will, was Johanna sehr gerne annahm.

Zwei Tage später, müsste Johanna wieder zurückfliegen. Die Arbeit hatte gerufen.

Am Abend wollte sie sich mit Stefan treffen. Es war unglaublich, wie sehr er ihr gefehlt hatte.

Um 20 Uhr klingelte Sie an Stefans Tür.

„Komm rein, die Tür ist offen." - sagte Stefan.

Sie machte die Tür, schaute in den Raum und konnte den Mund vor lauter staunen nicht mehr zumachen.

Im Gesamten Raum, waren Rosenblüten und Kerzen verteilt. Am Boden, ebenfalls auf Rosen, hatte Stefan ein Herz aus Kerzenlichter gemacht. Es lief ein romantisches Lied im Hintergrund. Der Tisch war gedeckt für zwei Personen.

„Willkommen zurück Anni." - sagte Stefan.

„Hi, hast du mich so sehr vermisst?" - fragte Johanna mit einem Lächeln.

„Ja, so ziemlich. Mir ist in der Woche klar geworden, dass ich dich über alles liebe und dass ich keine einzige Minute mehr von dir getrennt sein möchte." - sagte Stefan.

„Oh Stefan, ich liebe dich auch." - antwortet Johanna.

Dann führte Stefan sie zum Tisch, auf der ein aufwendig gekochtes Essen auf sie wartete, setzte sich hin und schaute sie an.

Sie fingen an zu essen, Johanna konnte sich kein Reim daraus machen, war aber überglücklich, dass er sich so eine Mühe gab. Plötzlich spürte Johanna was komisches im Mund, ein Fremdkörper, das konnte kein Essen sein. Im ersten Augenblick dachte sie, es sei ihm etwas ins Essen gefallen. Als sie es dann vom Mund herausnahm, sah sie den Ring.

Er stand auf, nahm den Ring, ging in die Knie und sagte:

„Anni, wie ich vorhin schon gesagt hatte, ist mir nun klar geworden, dass es Zeit ist, mit meiner Vergangenheit abzuschließen und mit meinem Leben weiterzumachen. Ich möchte nicht zulassen, dass meine bisherige Erfahrungen, unsere wunderbare Zweisamkeit schadet. Außerdem ist mir klar geworden, wie sehr ich dich über alles liebe und dass ich keine einzige Minute mehr ohne dich verbringen möchte. Ich weiß, ich wiederhole mich, aber ich bin selbst noch ein wenig überrascht über die Stärke meiner Gefühle für dich. Gibst du mir die Ehre meine Frau zu werden?" - fragte Stefan.

„Ja, ich möchte deine Frau werden." - antwortete Johanna.

Sie umarmten sich und küssten sich wieder und wieder. Johanna musste vor lauter Glück weinen und wusste, dass sie mit Stefan für immer Glücklich sein würde.

Ein Jahr später sollte es soweit sein.

Stefan stand vor dem Altar, nervöser als jemals zuvor. Sein Leben würde sich immerhin ab jetzt vollkommen ändern. Zweifel hatte er allerdings keine. Er war sich absolut sicher die richtige Entscheidung getroffen zu haben. Sein Leben war um einiges Lebenswerter geworden seit dem er Johanna getroffen hatte.

Die Kirchentür ging auf. Johanna kam rein, in einem wunderschönen weißen Kleid ohne Träger. Oben eine Corsage, die hinten mit einem Bordeauxfarbene Schnürband abgerundet wurde. An der Taille hatte das Kleid ein Gürtelband in der selben Farbe, die wiederum hinten zu einer Schleife gebunden war. Der Rock fiel in einer samten A-Linie, was ihre Figur nur noch mehr betonte. Johanna sah hervorragend aus.

Dann standen beide vor dem Priester, bereit sich das Ja-Wort zu gegen. Die Hochzeit ist sehr schön verlaufen. Sie gaben sich das gegenseitige Versprechen sich immer so Glücklich wie nur möglich zu machen.

Theresa war auch anwesend. Der Sohn Mike war zu Hause geblieben mit der Nanny. Wenn Mike ihn gesehen hätte, würde er sofort wissen, dass er der Vater ist. Er sah ihm so ähnlich.

Auf der Party nach der Hochzeit sprach Mike Theresa an.

„Theresa, freut mich dich zu sehen. Wo warst du solange?" - fragte Mike.

„Ist doch egal. Das sollte dich nicht interessieren. Wo hast du denn deine Freundin gelassen? Oder habt ihr mittlerweile auch geheiratet?" - wollte Theresa wissen.

„Theresa, ich muss dir da was gestehen. Es gibt und gab keine Freundin und das seitdem ich dich kenne." - sagte Mike.

„Was? Willst du damit sagen, dass die Wahrheit eine Lüge ist? Lügst du mich schon wieder an?" - fragte Theresa.

„Ja, das will ich damit sagen. Es tut mir unendlich leid." - sagte Mike.

„Tja, das ist völlig egal, ob du mich damals oder jetzt anlügst. Tatsache ist, dass du mich verletzt hast und ich keine Lust mehr auf deine Spielchen habe. Ein schönes Leben noch." - sagte Theresa. Dann ging sie zu Johanna und Stefan, wünschte den beiden viel Glück und ging.

Mike schaute ihr hinterher und spürte den gleichen Schmerz in der Brust, wie damals, als er ihr erzählte, er sei bereits vergeben. Nein, der Schmerz war diesmal noch stärker. Er hatte die Frau die er liebt nun für immer verloren.

....

Vier Jahre später, sollte die Verabschiedungsfeier für Mike stattfinden. Seine Firma war mit der Renovierung einer Kirche in Portugal beauftragt worden, in einem kleinen Ort Namens Vila Nova de Milfontes, direkt am Meer. Er hatte sich dazu entschlossen für die Zeit dahin zu ziehen. Sein Projekt wusste er in guten Händen und somit stand dem Ganzen nichts mehr im Wege. Er hatte sehr häufig an Theresa gedacht und bereute es von tiefsten Herzen ihr die Lüge aufgetischt zu haben. Er wünschte sich, dass sie nicht von einem auf den anderen Tag verschwunden wäre. Aber pragmatisch wie Männer nun mal sind, dachte er sich, es muss auch so weiter gehen.

Alle waren da um sich von ihm zu verabschieden. Die Eltern mit Kindern, der Rektor, Sabine, Tatjana, Stefan und Johanna. Ihm wurde die Ehre erteilt, die Schule nach ihm umzubenennen als Dankeschön für den Anstoß für das Projekt gegen

Kindesmissbrauch. Mittlerweile hatten mehrere Schulen das Projekt kopiert und es schienen noch mehr dazu zu kommen. Mike selbst, war fast zufrieden mit dem was er erreicht hatte. Nur Theresa fehlte ihm noch. Aber das konnte er vergessen. Er würde sie wahrscheinlich nie wieder sehen. Johanna wusste wo Theresa ist, aber es war nichts aus ihr rauszukriegen. Sie weigerte sich immer und berief sich auf ihre Freundschaft zu Theresa, die sie niemals hintergehen würde.

Johanna hatte mitbekommen, dass er ausgerechnet an den Ort reisen würde, in welchem Theresa lebte, allerdings hat sie keinen von den beiden etwas gesagt. Wenn das Schicksal, das schon so organisiert, dass er auf unglaublicher Weise, gerade dahin musste, dann sollte sich auch das Schicksal um den Rest kümmern. Vielleicht würde deren Geschichte doch noch ein Happy End erhalten oder die beiden können sich zumindest endlich aussprechen.

Mike war in Milfontes angekommen und sollte vorerst die Fassade der Kirche renovieren.

Er stand vor der Kirche und verschaffte sich ein Überblick über dessen Zustand. Es war noch nicht sicher, ob eventuell auch das innere der Kirche renoviert werden müsste. Dies würde zwar seinen Aufenthalt verlängern, aber es war ihm egal. Im Augenwinkel sah er eine Frau vorbei gehen die Theresa sehr ähnlich sah, was ihn komplett aus dem Konzept gebracht hat.

„Ist sie es? Ne, das kann nicht sein. Sie würde sich niemals so anziehen. Sie ist viel zu stolz dafür." - dachte sich Mike.

„Guten Tag Herr Peters." - begrüßte ihn der Priester und reiste ihn somit aus seinen Gedanken.

„Guten Tag, ich habe mir vorgenommen, die Arbeiten selbst zu koordinieren. Meine Mitarbeitern dürften schon auf dem Weg sein." - sagte Mike.

„Gut, dann bin ich mal gespannt, was sie aus dieser alten Kirche noch rausholen können." - sagte der Priester.

„Vater, soll denn nur die Fassade renoviert werden oder auch das innere der Kirche?" - frage Mike.

„ Nun, das ist davon abhängig, wie viel Gelder wir zur Verfügung haben. Wie lange dauert denn der Wiederaufbau der Fassade?" - fragte der Priester.

„Circa sechs Monate." - antwortete Mike.

Nach dem Gespräch mit dem Priester, ging Mike zu einer kleine Pension mit den Namen Ceu, was übersetzt Himmel heißt, um sich ein wenig zu erfrischen. Es war unglaublich wie warm es in Milfontes werden konnte und das im März.

Mittlerweise war Theresa seit ca. fünf Jahre in Milfontes. Ihr Sohn war auch schon fünf Jahre alt. Seit der Geburt des Sohnes arbeitete Theresa in einer kleine Pension, Namens Himmel. Sie hatte es sich zwar anders vorgestellt, allerdings sah sie sich gezwungen diese Arbeit zu machen um ihren Sohn ernähren zu können. Die Wirtschaftliche Lage Portugals sah nicht so prickelnd aus.

Sie hatte an einem normalen Tag nicht wirklich viel zu tun, daher hatte sie sich erschrocken als sie die Tür hörte. Sie konzentrierte sich darauf, was sie sagen musste. Immer dann, wenn ein neuer Gast kam.

„Herzlich Willkommen am Himmel, da wo Ihre Urlaubsträume in Erfüllung gehen." - sagte Theresa auf Englisch, damit auch jeder diesen Satz verstehen konnte. Es war nämlich üblich, dass

Gäste aus alle möglichen Länder für ein Urlaub an den kleinen Ort kamen.

„Guten Tag. Wo kann ich mich registrieren?" - fragte Mike.

„Guten Tag. Hier mein Herr!" - sagte Theresa. „Welcher Zimmerkategorie wünschen Sie?"

„Das beste was Sie haben!" - sagte Mike.

„Das wird aber teuer!" - erwiderte Theresa.

„Das macht doch nichts." - sagte Mike mit einem verstohlenen Lächeln.

In diesem Augenblick schaute Theresa und erkannte Mike sofort.

„Muss ich nicht irgendwo unterschreiben?" - fragte Mike.

„Ah...Ja natürlich. Sie haben recht. Hier bitte den Schlüssel. Ich bringe Ihnen gleich Tücher ins Zimmer." - sagte Theresa.

Mike nahm den Schlüssel und ging hoch in seinen Zimmer.

„Sie ist es! Ich habe ich nicht geirrt. Hat sie mich erkannt? Ich glaube nicht. Sie hat mich nicht mal richtig angeschaut und das letzte Mal, als ich sie gesehen habe, ist immer hin schon vier Jahre her. Ist sie noch schöner geworden?" - dachte sich Mike.

….

„Oh mein Gott, er ist es. Er hat mich nicht erkannt. Gott sei dank! Er ist so verändert." - dachte sich Theresa.

Ihre Gedanken schweiften in die Vergangenheit. Das damalige Verhältnis zwischen ihr und Mike, wenn man es überhaupt so nennen konnte, dauerte gerade mal ein paar Wochen. Es lief alles sehr harmonisch ab, aber am Ende hatte er sie sehr verletzt. Gerade dann als sie ihn brauchte, belog er sie. Er hatte zwar nach Johannas Hochzeit gestanden, dass er doch keine Freundin hatte und dies nur aus Angst vor der Ernsthaftigkeit die die Beziehung bekam, behauptete, aber welcher Variante sollte sie da glauben? Dann eines Tages, als sie schon in Milfontes lebte, hörte sie von Johanna, dass Mike mit jemandem namens Mara in eine Beziehung war. Eigentlich war für Sie damit das Thema erledigt und jetzt tauchte er plötzlich wieder in ihrem Leben auf.

Von einem Bellen wurde sie aus ihren Gedanken gerissen und widmete sich wieder ihrer Arbeit. Sie holte die Tücher und brachte sie ins Zimmer wo Mike untergebracht war.

Sie klopfe an der Tür und sagte:

„Ich habe die Tücher für Sie." - sagte Theresa.

„Kommen Sie rein, ich bin im Badezimmer." - antwortet Mike.

Theresa betrat das Zimmer und wollte die Tücher an der Tür zum Badezimmer auf ein kleines Schränkchen legen und dann schnell wieder rausgehen.

Die Tür zum Bad war allerdings offen, was ihre Pläne zunichte machte. Sie ließ die Tücher vor schrecken fallen als sie ihn sah.

Er stand nur mit eine Hose bekleidet im Badezimmer. Theresa konnte seine sexy Muskeln sehen. Diese waren genau so wie sie es in Erinnerung hatte. Sogar noch definierter als vor knapp sechs Jahren.

„Ist das so ein hässlicher Anblick, dass sie sich gleich erschrecken müssen? Dann muss ich wohl doch noch ein wenig mehr trainieren." - sagte er mit einen verstohlenen Lächeln." - Legen Sie die Tücher bitte auf das Schränkchen.

„Welche Tücher bitte?" - fragte Theresa verwirrt.

„Na die hier!" - sagte er während er in ihre Richtung ging, hob eins vom Boden auf und wedelte es hin und her.

„Oh stimmt. Es tut mir leid." - sagte Theresa.

„Es macht doch nichts. Ich komme später runter um was zu essen." - entgegnete Mike.

„Ja, natürlich." - antwortete Theresa und verließ das Zimmer noch komplett konfus über das Geschehene.

Zwei Stunden später, betrat Mike das Restaurant. Er hatte seit dem Frühstück nichts mehr gegessen. Als ein Kellner kam, bat er darum, von Theresa bedient zu werden. Er wurde zwar darauf hingewiesen, dass es nicht zu ihre Aufgabengebiete gehört, allerdings pochte er darauf von ihr bedient zu werden. Nach einer kleinen Bestechung, wurde sie vom Kellner herbeigerufen.

„Da bin ich, mein Herr. Was möchten Sie trinken?" - fragte Theresa.

„Der Herr ist im Himmel, mein Name ist Mike." - sagte er.

„In Ordnung... Mike. Was möchten Sie trinken?!" - fragte Theresa erneut.

„Ein Weißwein bitte und … ihre Gesellschaft." - sagte Mike zögernd.

„Meine Gesellschaft? Aber..." - sagte Theresa.

„Nichts aber, wenn sie mir nicht ihre Gesellschaft geben, muss ich wohl ein ernstes Gespräch mit Ihrem Chef führen." - konterte Mike.

„Ok, ok, ich komme zurück in zehn Minuten." - sagte Theresa.

In der Zeit, wo Theresa mit einer Kollegin sprach, damit sie sie vertrat, nahm plötzlich eine fremde Frau an Mikes Tisch Platz.

„Halten Sie sich von Theresa fern. Die ist einfach nur kalt. Man sagt sich, dass sie auf der Straße gearbeitet hat, wenn Sie verstehen, was ich meine. Dann wurde sie Schwanger und flüchtete. Aber ich denke, dass sie eher jemanden umgebracht hat. Deswegen läuft sie vor allem weg..." - warnte ihn die komische Frau.

„Verschwinden Sie, bevor ich ausfallend werde." - sagte Mike.

Die Frau stand auf und verschwand so schnell sie konnte ohne dass es Theresa auffiel.

„Hier ist der Wein!" - sagte Theresa als sie zurückkam.

„Wie heißen Sie eigentlich?" - fragt Mike.

„Mein Name ist Theresa Castle." - sagte Theresa.

„Das ist lustig. Ich kenne schon jemand mit dem gleichen Namen. Ich hatte was mit ihr. Ich dachte sogar daran, sie zu heiraten, weil ich gemerkt hatte, wie sehr ich sie liebe. Ich hatte mich sogar mit einer Bekannten Mara getroffen da sie mir bei der Planung der Hochzeit zu Seite stehen sollten. Sie sollte mir vor allem dass Tanzen beibringen, weil ich Theresa bei unserem ersten Tanz auf der Hochzeit nicht beschämen wollte. Leider kam ich nicht mehr dazu um ihre Hand anzuhalten, denn ich bekam es mit der Angst zu tun und machte in Zuge dessen den größten Fehler meines Lebens indem ich sie belog. Sie hatte sich danach gut versteckt, wodurch daraus nichts wurde. Nun ja, das interessiert Sie aber sicherlich nicht, ändern wir mal das Thema." - sagte Mike.

„Mehr als du denkst..." - dachte Theresa.

„Ich habe gehört, dass Sie einen Sohn haben! Wie heißt er denn?" - fragte Mike.

„Stimmt. Woher wissen Sie das eigentlich?" - wollte Theresa wissen.

„Ist das so wichtig? Vorhin kam eine Frau zu mir und erzählte mir wirres Zeug unter anderem eben, dass sie schwanger waren." - sagte Mike.

„Das war sicherlich die Maria. Sie hatte letztes Jahr ein Autounfall mit bleibenden Schäden. Na ja egal, es stimmt ja. Mein Sohn heißt Mike und ist fünf Jahre alt. Er ist der Sohn, wie ihn sich alle Mütter wünschen." - sagte Theresa.

„Er heißt wie ich. Das ist mal ein Zufall. Wer ist denn der Vater?! - fragte Mike neugierig.

„Es tut mit leid. Ich spreche nicht gerne dar-über." - sagte Theresa.

„Ok, ich vergesse das Thema... fürs erste, aber nur, wenn Sie morgen Abend mit mir ausgehen." - forderte Mike.

„Ich denke darüber nach." - wich Theresa aus.

„Es tut mit leid, dass ich Sie nochmal darauf ansprechе, aber wo ist ihr Sohn, solange Sie arbeiten müssen?" - fragte Mike.

„Bei Marion, die Babysitterin, nach der Arbeit hole ich ihn ab und bringe ihn nach Hause." - antwortete Theresa.

Die zwei unterhielten sich noch Stunden über banale Sachen, müssten aber ständig an die wunderbaren Momente, die sie zusammen verbracht hatten in der Vergangenheit, denken. Plötzlich war es Zeit das Restaurant zu schließen, sodass sie sich verabschieden mussten. Sie verabschiedeten sich mit einem einfachen Händedruck, obwohl sich beide im inneren mehr erhofften.

....

Theresa konnte nicht schlafen. Sie musste die ganze Zeit an Mike denken. Sie fragte sich, ob er verheiratet war, ob er weitere Kinder hatte, außer dem wovon er nichts wusste und vor allem dachte sie daran wie er wohl reagieren würde, wenn er die Wahrheit erfahren würde.

In dieser Nacht hatte Johanna bei Theresa angerufen.

„Hallo meine Freundin, ist alles ok bei dir?" - fragte Johanna.

„Ja, mir geht es gut." - sagte Theresa, während sie versuchte ihre Trauer zu verstecken.

„Nein, es geht dir nicht gut. Was ist los Thess?" - fragte Johanna.

„Er ist hier Anni. Mike ist hier aufgetaucht. Und dann hat er sich auch noch die Pension ausgesucht zum übernachten, wo ich arbeite. „ - antwortete Theresa.

Johanna wollte sich nicht einmischen und so tat sie, als ob die Tatsache das Mike dort aufgetaucht war, sie überraschen würde. Sie war sich sicher, dass ihre Freundin ihr das verzeihen würde, wenn sie es erfährt.

„Oh, ok, das überrascht mich jetzt. Weist er, dass Mike sein Sohn ist?!" - fragte Johanna.

„Nein, bisher noch nicht. Er weiß nur, dass ich ein Kind habe. Ich glaube auch, dass er mmich nicht erkannt hat, somit weiß er nicht, wer ich bin." - sagte Theresa.

„Wie kann das sein?" - fragte Johanna

„Das weiß ich nicht, anscheinend sehe ich doch völlig anders aus als damals. Anders kann ich es mir nicht erklären." - sagte Theresa.

„Ok, komisch. Sag mal ich würde gerne in sechs Monaten ein paar Urlaubstage bei dir und dem kleinen Mike verbringen. Wäre es für dich in Ordnung?!" - fragte Johanna.

„Natürlich habe ich nichts dagegen. Was für eine blöde Frage." - sagte Theresa.

„Gut wir sprechen uns dann später nochmal. Bis dann." - verabschiedete sich Johanna.

„Bis dann." - antwortete Theresa.

Auch Mike konnte in der Nacht nicht schlafen. Er dachte an das unverhoffte Wiedersehen mit Theresa. Er dachte daran, wer wohl der Vater ihres Sohnes sein könnte. Letztendlich sind beide irgendwann eingeschlafen, jeweils in deren Gedanken versunken.

„Mama, Mama, wach auf. Du kommst zu spät." - sagte Mike Castle.

„Ja, mein Sohn. Ist in Ordnung. Ich stehe schon auf. Wie war der Hort gestern?" - fragte sie noch schläfrig.

„Wir haben gelernt, dass die Planeten um die Sonne rotieren und dass manche Planeten mehrere Monde haben, während andere gar keinen haben." – erzählte der kleine stolz.

„Wie schön, mein Sohn. Aber jetzt beeile dich bitte. Ich muss dich noch zum Kindergarten bringen." - sagte Theresa.

„Ist gut Mama." - sagte Mike Castle.

„Gut, gehen wir." - sagte Theresa.

Um Zehn Uhr musste Theresa beim Arzt sein und gleich danach musste sie arbeiten.

Als Theresa aus dem Ärztehaus heraus kam, sah sie wie Mike Richtung Kirche ging. Das fand sie komisch, daher folge sie ihn.

„Guten Tag Pater." - begrüßte Mike den Priester.

„Guten Tag, Herr Peters. Konnten Sie sich ausruhen?" - fragte der Priester.

„Ja danke. Sind meine Mitarbieter schon angekommen? - fragte Mike.

„Mitarbeiter?! Er hat Mitarbeiter?" - dachte sich Theresa.

„Ja, Herr Peters, Sie sind schon angekommen und wollten auch schon mit der Arbeit anfangen, aber ich habe mir gedacht, dass ihnen ein wengi Schlag nach der langen Reise sicherlich gut tut." - sagte der Priester.

„Vielen Dank. Lassen Sie uns mal die Pläne der Kirche anschauen." - sagte Mike.

„Gerne. Aber ich möchte sie vorwarnen, die sind in keinen allzu guten Zustand." - behauptete der Priester.

Theresa konnte den Rest des Gespräches nicht hören, weil sie in die Kirche gegangen waren. Sie schaute auf die Uhr, stellte fest, dass sie viel zu spät dran war und lief Richtung Pension.

„Mitarbeiter? Pläne für die Kirche? Aber wofür? Was macht er überhaupt hier? Was?" - dachte sich Theresa.

An die Arbeit, wir haben heute viel zu tun. Heute wirst du das Zimmer Nr. 123 putzen. Ich glaube das ist das Zimmer wo Herr Peters untergebracht ist. Ich möchte, dass dieses Zimmer danach glänzt. Er ist ein sehr wichtiger Mann." - sagte die Geschäftsleitung der Pension Himmel.

„Ich werde mein bestes tun." - sagte Theresa.

„Ich will nicht, dass du dein bestes tust. Du sollst das tun, was du kannst und darüber hinaus. Hörst du?" - sagte de Geschäftsleitung der Pension Himmel.

„Ja, ich gehe ja schon." - sagte Theresa.

„Schnell, er wollte für das Mittagessen wieder zurück sein." - sagte die Geschäftsleitung.

Theresa lief in sein Zimmer und fing an aufzuräumen. Sie war fast fertig als Mike in das Zimmer eintrat.

„Entschuldigung. Kann ich wissen, was sie in meinem Zimmer zu suchen haben?" - fragte Mike.

„Es tut mir leid, Herr Peters." - sagte Theresa.

„Mike, habe es Ihnen doch schon gesagt. Ich heiße Mike." - sagte er.

„Entschuldige Mike... ich habe nur das Zimmer aufgeräumt." - sagte Theresa.

„Du machst alles hier drin, nicht wahr?!" - fragte Mike.

„Ja, da wo meine Hilfe gerade benötigt wird." - sagte Theresa.

„Theresa, hast du was dagegen, wenn ich duschen gehe, solange du das Zimmer zu Ende aufräumst?" - fragte Mike.

„Nein, natürlich nicht Mike. Geh ruhig." - antwortete Theresa.

Während sie das Zimmer aufgeräumt hat, hörte sie das Wasser vom Badezimmer und musste an früher denken. Sie wünschte sich mit ihm unter der Dusche zu sein, wie früher.

Theresa sah Mike aus dem Badezimmer kommen, komplett nackt.

„Oh tut mir leid Mike. Ich dachte du brauchst länger." - sagte Theresa.

„Was ist Theresa? Du bist gerade so rot als ob du mich nie nackt gesehen hättest." - sagte Mike.

„Du...Du...weist wer ich bin?" - fragte Theresa.

„Natürlich weiß ich das. Du siehst ein wenig anders aus aber nicht so sehr, dass ich dich nicht erkennen würde." - sagte Mike.

„Du wusstest es schon die ganze Zeit?" - fragte Theresa.

„Vom ersten Augenblick an!" - antwortete Mike.

„Warum hast du denn nichts gesagt?" - fragte Theresa.

„Ich wollte wissen, ob du mich erkennst." - sagte Mike.

„Natürlich. Du hast dich ebenfalls ein wenig geändert, aber wie du selbst sagtest, man kann dich noch gut erkennen." - sagte Theresa.

„Ich will dir so viele Fragen stellen." - sagte Mike.

„Nein, bitte, sag jetzt nichts. Noch nicht..." - sagte Theresa.

„In Ordnung, aber während unserem Date heute Abend werde ich dich alles fragen." - sagte Mike.

„Ok, aber nicht jetzt." - sagte Theresa.

„Verdiene ich nicht mal eine Umarmung" - fragte Mike.

„Klar." - antwortete Theresa.

Sie umarmten sich mehr als eine halbe Stunde lang, bis Mike ihr sagte, sie solle runter gehen, solange er sich noch kontrollieren kann.

Theresa ging aus dem Zimmer und fing mit ihrer nächste Aufgabe an.

Als sie sich endlich eine Pause gönnen konnte rief sie ihren Sohn an.

„Ja, hier ist Marion." - ging die Babysitterin dran.

„Hallo Marion, ich bin es. Ist Mike gerade bei dir?" - fragte Theresa.

„Ja ist er. Möchten Sie mit ihm sprechen?" - fragte Marion.

„Ja bitte." - sagte Theresa.

„Warten Sie bitte ein Augenblick. Ich gebe ihm den Hörer." - sagte Marion.

„Ja, wer ist dran?" - fragte Mike Castle.

„Ich bin es, mein Sohn. Ist alles ok bei dir?" - fragte Theresa.

„Ja Mama, was ist passiert? Du rufst doch nie um diese Uhrzeit an?" - fragte Mike Castle.

„Nichts, mein Sohn. Ich wollte dich nur was fragen, aber das muss ich machen, wenn wir unter uns sind." - sagte Theresa.

„In Ordnung Mama." - antwortete Mike Castle.

„Dann hol bitte die Marion wieder ans Telefon. Bussi." - sagte Theresa.

„Bussi, Mama." - verabschiedete sich Mike Castle.

„Ja, hier ist Marion." - sagte sie.

„Marion, wäre es für dich in Ordnung ausnahmsweise heute länger auf Mike aufzupassen?" - fragte Theresa.

„Kein Problem. Ist irgendetwas passiert?" - fragte Marion.

„Ja, ich werde mit Mikes Vater essen gehen? - sagte Theresa

„Was?" - fragte Marion.

„Ja, du hast es richtig gehört. Aber jetzt fehlt mit die Zeit um es dir zu erklären, habe sehr viel Arbeit. Bis später." - sagte Theresa.

„Ich wusste nicht, dass ich ein Sohn habe! - sagte Mike hinter ihr.

„Mike, seit wann stehst du hier? Und warum?"
- fragte Theresa.

„Ich bin hier weil ich mit meiner Mutter telefonieren wollte und ich stehe hier seit du angefangen hast zu reden." - sagte Mike.

„Ich wollte nicht, dass du es so erfährst." - sagte Theresa traurig.

„Du wolltest nicht, dass ich es so erfahre? Wolltest du mir überhaupt davon erzählen?" - fragte Mike sauer.

„Natürlich, aber ich dachte es wäre noch zu früh." - antwortete Theresa.

„Zu früh um zu erfahren, dass ich ein fünfjährigen Sohn habe?" - fragte Mike ironisch.

„Jetzt ist nicht der richtige Moment darüber zu sprechen und auch nicht der richtige Ort." - sagte Theresa.

„Wir sehen uns später." - sagte Mike.

„Ok Mike, aber um wie viel Uhr und wo?" - fragte Theresa.

„Um 20 Uhr in meinem zimmer." - sagte Mike.

„In deinem Zimmer?" - fragte Theresa.

„Ja, es ist der ruhigste Ort den ich hier in der Gegend kennen." - sagte Mike.

„Aber um die zeit, muss ich meinen Sohn abholen." - sagte Theresa.

„Du meinst wohl, unser Sohn. Hast du schon vergessen, dass u Marion darum geben hast, dass sie länger auf ihn aufpasst?" - fragte Mike.

„Ja du hast Recht. Bis später." - sagte Theresa.

„Bis später." - sagte Mike.

….

Wie verabredet, war Theresa pünktlich um 20 Uhr vor seiner Tür. Irgendetwas hatte sie daran gehindert an der Tür zu klopfen. Vielleicht Angst oder doch die Vorfreude? Theresa wusste es nicht genau. Sie stand bestimmt fünf Minuten vor der Tür. Plötzlich ging die Tür auf und eine Frau, so um die 45 Jahre alt, kam heraus.

Mike war direkt hinter ihr erschienen und bat sie rein, als ob nichts gewesen wäre.

„Hat sich dein Geschmack jetzt geändert oder wie?" - fragte Theresa eifersüchtig.

„Was willst du damit sagen?" - fragte Mike.

„Ich wusste nicht, dass du jetzt erfahrene Frauen magst. Wenn es so ist, muss ich wohl noch ein wenig üben." - sagte Theresa.

„Sag doch kein Scharm." - sagte Mike.

„Ach ja und was hat die Frau, die eben hier rausgegangen ist, zu bedeuten?" - fragte Theresa.

„Du ziehst wie immer zu schnell die falschen Schlüsse. Die Frau die eben rausgegangen ist, ist meine ältere Schwester. Die die du nicht kennengelernt hast." - sagte Mike.

„Oh, entschuldige bitte. Das wusste ich nicht." - sagte Theresa.

„Es ist schon das zweite Mal, das du von mir fliehen willst, weil du mir nicht die Gelegenheit gibst, dir die Sachen zu erklären." - sagt Mike.

„Was willst du damit sagen?" - fragte Theresa.

„Ich? Nur die pure Wahrheit." - sagte Mike.

„Wie meinst du das?" - fragte Theresa.

„Beim ersten mal, vor knapp sechs Jahre, bist du weg gelaufen wegen einer Lüge von mir Ich hatte Angst, zu dem Zeitpunkt, dass es zwischen uns zu ernst wird. Du bist aber geflohen, mit meinem Sohn in dir. Das ist genau so schlimm. Hast du denn wirklich so eine schlechte Meinung von mit? Meinst du wirklich, dass ich dich in der Situation alleine gelassen hätte?" - fragte Mike.

„Du hast mir gesagt, du hättest eine Freundin. Ich wollte deine Beziehung nicht kaputt machen." - sagte Theresa.

„Und warum hast du es mir ein Jahr später bei Johannas und Stefans Hochzeit dann nicht gesagt? Ich habe es dir da doch erzählt, dass es eine Lüge war." - fragte Mike.

„Ich wusste nicht, woran ich glauben soll. Ob du eine Freundin hattest oder nicht. Außerdem habe ich kurz darauf von Johanna gehört, dass du in eine neue Beziehung warst mit Mara. Also konnte ich dir gar nicht so viel bedeuten." - sagte Theresa.

„Sag mal, hörst du mir überhaupt zu, wenn ich mit dir rede? Mara sollte mir dabei helfen, unsere Hochzeit zu planen. Habe ich dir doch erst letztens erzählt." - sagte Mike.

„Wieso soll ich dir zuhören? Damit du mir noch mehr Lügen auftischen kannst?" - fragte Theresa.

„Habe ich dich, außer das eine Mal, schon jemals angelogen? - wollte Mike wissen.

„Nein." - sagte Theresa.

„Gut, gehen wir essen. Dafür sind wir ja hier, nicht wahr? Wir sprechen später weiter mit vollem Bauch." - sagte Mike.

„Gut, aber wohin?" - fragte Theresa.

„Weiß nicht, du wohnst doch hier." - antwortete Mike.

„Ich weiß, aber ich bin nicht viel ausgegangen wegen Mike, unser Sohn, er ist noch zu klein." - sagte Theresa.

„Weiß er, wer sein Vater ist?" - fragte Mike.

„Ja, er hat ein Foto von dir gesehen." - antwortete Theresa.

„Und was hast du ihm erzählt? Dass sein Vater ein böser Mensch ist, dass ich derjenige war, der weg gelaufen ist?" - fragte Mike.

„Nein, ich habe ihm die Wahrheit gesagt." - sagte Theresa.

„Welche Wahrheit Thess?" - fragte Mike.

„Dass ich diejenige war die weg gelaufen ist weil ich gedacht habe, dass du einen Freundin hast. Und dass du nicht weist, dass du einen Sohn hast und auch dass das der Grund ist, warum du uns nie besucht hast." - sagte Theresa.

„Es reicht erst mal. Gehen wir essen." - sagte Mike.

Während dem Essen, sprachen sie kaum miteinander. Nach dem verlassen des Restaurants gingen sie im Mondschein spazieren, wie sie früher gerne gemacht haben, bevor Theresa geflohen war.

„Wie ist denn unser Sohn?" - wollte Mike wissen.

„Er ist dir sehr ähnlich.Was es für mich noch schwerer macht." - sagte Theresa.

„Wieso?" - fragte Mike. „Er hat deine Auge, deinen Mund, ich konnte dich nie vergessen..." - sagte Theresa.

„Du konntest meinem Mund nicht vergessen?" - fragte Mike.

„Nein." - antwortete Theresa.

„Und was noch?" - frage Mike. „Na ja, ich konnte nichts vergessend, was irgendwie mit dir zu tun hat." - sagte Theresa.

Mike schaute sie auf eine verführerische Art und Weise an. Theresa kannte diesen Blick von früher. So schaute er sie immer an kurz bevor er sie küsste. Aber sie lief nicht weg. Auch sie wollte von ihm geküsst werden. Es war ein langer, heißer Kuss. Nach dem ersten Kuss, kamen noch mehr und mehr und mehr, bis die beiden kaum noch atmen konnten.

„Warum hast du das getan?" - fragte Theresa.

„Hat es dir nicht gefallen?" - fragte Mike.

„Klar, hat es mir gefallen. Aber jetzt wird es um so schwerer für mich sein, dich wieder zu vergessen, wenn du gehst." - sagte Theresa.

„Du musst mich nicht vergessen. Du kannst beruhigt sein, ich laufe nicht weg." - sagte Mike.

„Ist das ein Versprechen?" - fragte Theresa. „Ja, es ist ein Versprechen." - antwortete Mike.

....

Nach ein paar Wochen hatten Mike und Theresa ausgemacht, dass Mike endlich seinen Sohn kennenlernen sollte. Bei einem Abendessen.

„Komm her mein Sohn." - sagte Theresa.

„Was ist Mama?" - fragte Mike Castle.

„Wir müssen miteinander reden. Du musst jetzt stark sein." - sagte Theresa.

„Jetzt sag schon, Mama. Du machst mir Angst." - sagte Mike Castle.

„Nun, du wolltest doch deinen Vater kennenlernen, nicht wahr?" - fragte Theresa.

„Ja, aber..." - sagte Mike Castle.

„Er wird zum essen zu uns kommen. In zwei Tagen. Ich habe ihm erzählt, dass er ein wunderbaren Sohn hat." - sagte Theresa.

„Das ist toll, Mama!" - sagte Mike Castle.

„Ich weiß mein Sohn, ich weiß." - sagte Theresa.

„Ich werde mein Vater kennenlernen. Ich bin so glücklich. Ich glaube ich war noch nie so glücklich. Aber welche Sprache spricht er?" - fragte Mike Castle.

„Dein Vater spricht viele Sprachen, Portugiesisch, Deutsch, Englisch, Spanisch und ein wenig Französisch. Aber wieso willst du das wissen?" - fragte Theresa.

„Weil ich ihn zeigen will, wie gut ich Englisch spreche." - sagte Mike Castle.

„Das kannst du machen mein Sohn. Ich bin mir sicher, dass er sehr Stolz auf dich sein wird." - sagte Theresa.

„Findest du Mama?" - fragte Mike Castle.

„Ja, mein Sohn, da bin ich mir sicher. So aber jetzt ab mit dir ins Bett. Es ist schon sehr spät." - sagte Thresa.

„Ok Mama. Hab dich lieb. Bis Morgen." - sagte Mike Castle.

„Bis Morgen. Ich habe dich auch sehr lieb, mein Sohn." - antwortete Theresa.

Zwei Tage später, klopfte Mike an Theresas Wohnungstür. Sein Sohn machte die Tür auf.

„Hi, how are you?" - fragte der kleine Mike und sprang in die Arme seines Vaters.

„Hi, my son. I´m fine. Thank you. Where is your Mother?" - fragte Mike.

„She´s over there." - sagte Mike Castle.

„Meine Güte. Wäre es möglich, dass ihr Deutsch oder Portugiesisch sprecht. Ich verstehe kein Wort." - sagte Theresa.

„Hättest du lernen sollen." - sagte Mike.

„Wie lustig mein Lieber." - sagte Theresa.

„Mein Lieber?" - fragte Mike.

„Tut mir leid, bin in eine alte Gewohnheit zurückgefallen." - sagte Theresa.

„Du musst dich nicht entschuldigen. Es hat gut getan, dich das wieder sagen zu hören." - sagte Mike.

„Ja, ja." - sagte Theresa im Spaß.

„Sag mal, willst du mich veräppeln?" - fragte Mike.

„Ich doch nicht..." - sagte Theresa, während sie lachte.

„Mama, Papa...ich habe Hunger!" - sagte Mike Castle.

„Dann gehen wir essen." - sagte Theresa.

So vergingen ein paar Monate. Die trafen sich und genossen die Zeit zu Dritt. Aber nichts ernstes. Es reichte ihnen, dass sie zusammen sein konnten. Ende Juni hatte Johanna angerufen um zu wissen wie es ihr ging und um die Einzelheiten für den Urlaub zu besprechen.

„Hi, Thess. Ist alles ok bei dir und den kleinen Mike?" - fragte Johanna.

„Ja, es könnte nicht besser laufen derzeit." - antwortete Theresa.

„Sag mal, habe ich da eine männliche Stimme bei dir gehört? Wer ist denn das?" - fragte Johanna neugierig.

„Rate mal! - sagte Theresa.

„Hmmm, mal sehen ... Peter? ... Philipp?... David? ... Klaus? ..." - sagte Johanna.

„Jetzt hör schon auf." - sagte Theresa.

„Ok, ok, du musst es mir nicht verraten. Es ist Mike oder?" - fragte Johanna.

„Bist du immer noch nicht sicher Anni?" - fragte Theresa.

„Ne. Aber spielt er gerade mit seinem Sohn?" - fragte Johanna.

„Ja, wieso bist du so überrascht?" - fragte Theresa.

„Nun, ich dachte, dass der kleiner Mike ein wenig mehr Zeit brauchen würde. Aber anscheinend hat er sein Vater sehr gut angenommen. Das freut mich." - sagte Johanna.

„Finde ich auch. Aber sag mal, wann wirst du endlich hier sein? Ich möchte dich endlich wieder sehen." - fragte Theresa.

„Ende September. Wir haben an der Schule Sonderurlaub bekommen. Ist es ok für dich?" - antwortete Johanna.

„Solange du kommst, ist mir egal wann." - sagte Theresa.

„Gut, dann melde ich mich in ein paar Tagen wieder bei dir." - verabschiedete sich Johanna.

„Bis dann Anni." - sagte Theresa.

„Thess, kann ich mit dir reden? Unter vier Augen bitte?!" - fragte Mike, nachdem Theresa aufgelegt hatte.

„Ja, warte ein Moment." - antwortete Theresa.

„Beeile dich!" - sagte Mike.

„Ja, gehen wir in mein Zimmer..." - sagte Theresa.

„Das könnte gefährlich sein für dich, Thess. Ich kann mich kaum kontrollieren, wenn wir alleine sind. Vor allem wenn wir in deinem Schlafzimmer alleine sind." - sagte Mike.

„Jetzt hör auf, Mike. Was möchtest du?" - sagte Theresa, während sie lachte.

Mike ging in die Knie, holte eine Schatulle aus der Jackentasche. Öffnete diese und fragte:

„Thess, willst du mich heiraten?" - fragte Mike.

„Was? Ja, ich will. Oh Gott und wie ich es will." - antwortete Theresa.

In diesem Moment kam ihr Sohn in das Zimmer und sah wie sich seine Eltern küssten.

„Wie schön, Mama. Wann ist die Hochzeit?" - fragte Mike Castle.

„Wir wissen es noch nicht, Mike. Das müssen wir noch ausmachen." - sagte Mike.

„Was denn?" - fragen Theresa, noch in Tränen.

„Wie wäre es denn mit den 25.09?" - fragte Theresa.

„Wie würdest du es finden, wenn wir an den Tag heiraten?" - fragte Mike seinem Sohn.

„Das ist eine super Idee. Das wird sicher lustig." - sagte Mike Castle.

„Na gut, wenn alle die Idee gut finden, dann machen wir das so. Johanna und Stefan werden zu der Zeit auch hier sein. Das passt auch perfekt, dann müssen sie nicht extra dafür Urlaub nehmen." - sagte Theresa.

„Wenn ich es nicht besser wüsste, würde ich sagen, du freust dich mehr darauf Johanna zu sehen als auf unsere Hochzeit." - sagte Mike.

„Ach Liebling, du sagst gerade nur Scharm." - sagte Theresa und gab ihm ein Kuss.

…..

Endlich war der Hochzeitstag da. Johanna und Stefan waren vor sieben Tagen angekommen und waren beide überglücklich über die Neuigkeiten. Für die Hochzeit waren nur die engsten Freunde des Paares eingeladen. Die Hochzeit sollte am Abend stattfinden, da sie auf ein paar Gäste warten wollten, die erst recht spät ankommen konnten. Sie wollten im Freien heiraten im Dämmerungslicht. Sie sollte alles perfekt sein.

Nach der wichtigsten Frage in deren Leben, die beide mit einem lauten und sicheren JA beantworteten, ging es zum Buffet.

Johanna musste eine Rede halten.

„Ich bin heute, nach Thess, die glücklichste Frau auf der Welt. Nach dem ganzen was du durchmachen müsstest Thess, hast du es verdient, endlich durch und durch glücklich zu sein. Ich freue mich unheimlich für euch und wünsche euch alles gute für eure Zukunft. Egal wo es euch hin verschlägt. Auf das Brautpaar!...- sagte Johanna.

Als die Rede vorbei war, beugte sich Johanna zu Theresa und umarmte sie. Bei der Gelegenheit flüsterte Johanna ihr ins Ohr „übrigens, du wirst auch bald Patentante."

„Oh mein Gott, wirklich?" - fragte Theresa.

„Ja, Thess. Es stimmt. Stefan und ich werden Eltern." - sagte Johanna.

„Ich dachte, ich könnte nicht noch glücklicher sein, aber du hast es geschafft. Ich gratuliere dir." - sagte Theresa.

„Vielen Dank." - antwortete Johanna.

Das frisch verheiratete Paar, hatte mit Johanna vereinbart, dass sie für die Zeit der Honeymoonreise auf den kleinen Mike aufpassen würde.

Die beiden hatten nach dem Essen ein einziges Mal getanzt. Danach sind sie zusammen geflohen ohne sich zu verabschieden. Sie flohen ins Ewige Glück...!

ENDE

Danke an alle die mich unterstützt haben.

Es war und ist mir viel Wert.

Viele Grüße

Th. Fountains

Zeitfracht Medien GmbH
Ferdinand-Jühlke-Straße 7
99095 Erfurt, Deutschland
produktsicherheit@kolibri360.de